한 번에 합격하는
한자자격시험 5급

(사)한자교육진흥회 주관
한국한자실력평가원 시행

한 번에 합격하는
한자자격시험 5급

김시현 지음

머리말

최근 한자 학습에 대한 열기가 부쩍 높아졌습니다. 한자가 없으면 글을 쓸 수 없는 중국과는 달리, 우리에게는 '한글'이라는 완벽한 표음문자가 있는데도 불구하고 한자를 배우는 사람들이 늘어나는 것은 왜일까요? 물론 21세기에 중국이 새로운 열강으로 등장하는 등 국제 정세와의 관계를 무시할 수 없겠지만, 가장 중요한 것은 우리말이 한자와 떼려야 뗄 수 없는 사이이기 때문일 것입니다. 〈우리말 큰사전〉(한글학회 편)에 따르면 표제어 45만 자 중 52.1%가 한자어라고 합니다. 정말 엄청난 숫자가 아닐 수 없습니다. 이것은 1443년에 한글이 창제되기 전까지 우리나라 사람들도 한자를 문자로 사용해왔기 때문입니다. 즉, 한자는 우리 전통 문화의 일부인 것입니다.

한자를 모르면 우리말을 사용할 때 많은 불편함이 생기게 됩니다. 한자어인 '양식'을 예로 들어볼까요? 한글로만 썼을 경우 문맥을 파악하지 않으면 糧食(먹을거리)인지 樣式(일정한 형식)인지 또는 洋食(서양식 음식)인지 알 수가 없습니다. 그러나 한자로 쓰면 바로 이해할 수 있으니 효율적입니다. 이런 이유로 요즘에는 대부분의 대학과 기업체, 그리고 일부 공공기관들이 선발기준 중 하나로 한자실력을 보고 있습니다.

한자자격시험은 이러한 한자실력을 검증하는 하나의 도구입니다. 일정급수를 얻으면 유효기간이 평생 동안 유지되기 때문에 일단은 시험을 통과하는 것이 중요하다고 생각할지도 모르겠습니다. 그러나 한자실력을 진정 자신의 자산으로 삼기 위해서는 급수 시험에만 연연하지 말고 공부를 계속해가는 것이 무엇보다도 중요합니다. 이 책은 편리하고 효과적으로 한자자격시험을 준비할 수 있도록 만들어졌습니다. 이 책이 여러분의 한자실력을 키우는 데 큰 도움이 되기를 바랍니다.

김시현

차례

한자자격시험 안내

1. 급수별 선정한자 및 교과서한자어 일람표
급수별 선정한자 일람표 ··· 12
교과서한자어 일람표 ··· 23

2. 5급 선정한자 풀이 ·· 30

3. 기타 출제유형 익히기
교과서한자어 풀이 ·· 90
필수 한자성어 ··· 102

4. 실전대비 예상·기출문제
한자자격시험 예상문제(5급 1~3회) ·· 116
한자자격시험 기출문제(준5급 1~2회, 5급 1~2회) ··················· 128
정답 ·· 144
답안지 ··· 149

한자자격시험 안내

1. 국가공인 한자자격시험이란

- 한자자격시험은 국가에서 공인한 시험(신규공인: 2004. 1, 재공인: 2006. 2)입니다.
- 자격종목 및 등급: 한자실력급수(사범, 1급, 2급, 3급)
  ※교양한자급수: 준3급, 4급, 준4급, 5급, 준5급, 6급, 7급, 8급
- 국가공인 한자자격 취득자는 법률에 의거, 여타의 국가공인 자격증과 똑같은 대우를 받습니다.
- 국가공인 한자자격을 취득한 초·중·고등학생은 교육인적자원부(현 교육과학기술부) 훈령 제719호에 의거, 학교생활기록부 자격증 및 인증취득상황란에 등재됩니다.

2. 한자자격시험의 특징

한자사용능력을 종합적으로 평가합니다.

한자평가원에서 시행하는 한자자격시험은 단순히 한자를 많이 암기하는 능력을 평가하는 시험이 아닙니다. 한자에 대한 이해, 실생활에서의 한자 활용능력, 어휘력, 교과서한자어 인지도 등을 종합적으로 평가하며 이 과정을 통해 자연스럽게 언어능력 및 문장 구성능력이 향상될 수 있습니다.

사고력과 어휘력을 향상시킵니다.

한자자격시험은 사고능력을 향상시킬 수 있도록 구성되어 있습니다. 한자자격시험 대비 교재를 공부하는 과정을 통해 자연스럽게 사고력과 어휘력의 향상이 이루어질 수 있습니다.

학업성적 향상에 기여합니다.

초·중등학교 교과서에 자주 나오는 한자어를 평가하고 있으므로, 시험대비 과정을 통해 자연스럽게 교과서에 나오는 어려운 어휘에 대한 이해력을 높여 학교에서의 학업능력을 향상시킵니다.

교과학습능력을 신장시킵니다.

한자자격시험은 각 학교급별 수준에 맞는 내용으로 급수별 평가를 시행하고 있습니다. 각 급수의 수준을 초등학교 1학년부터 고등학교 3학년, 대학, 일반 등으로 나누어 제시하고 있으며, 다시 해당 교과서에 자주 등장하는 단어(한자어)를 분석하여 한자 공부를 할 수 있도록 하고 있습니다. 이를 바탕으로 학습자는 자신이 공부해야 할 급수를 선택할 수 있고, 또 학습과정을 통해 해당 교과서에 나오는 한자어를 공부하게 됩니다. 이는 교과서 단어에 대한 뜻을 정확히 이해하고 해석하는 데 도움을 주어 결과적으로 교과학습 성취도를 높이는 데 도움이 됩니다.

(1) 한자자격시험
- 주관: 사단법인 한자교육진흥회(社團法人 漢字敎育振興會)
- 시행: 한국한자실력평가원(韓國漢字實力評價院)

(2) 한자자격시험 일정
- 연 4회
- 매 2월, 5월, 8월, 11월 시행(사정에 따라 변경될 수 있음)
- 응시자격: 제한 없음

(3) 한자자격시험 준비물 및 입실 시간
- 접수 준비물: 기본인적사항, 반명함판 사진(3cm×4cm) 2매, 응시원서, 응시료
- 시험 준비물
  ① 수험표
  ② 신분증(학생증, 주민등록증, 운전면허증, 여권-초등학생과 미취학 아동은 건강보험증 또는 주민등록등본)
  ③ 컴퓨터용 사인펜
  ④ 검정색 필기구(연필 사용 불가)
  ⑤ 수정 테이프(수정액 사용 불가)
- 고사장 입실시간: 시험 시작 20분 전까지

(4) 한자자격시험 급수별 출제범위

급수		사범	1급	2급	3급	준3급	4급	준4급	5급	준5급	6급	7급	8급
평가 한자 수	계	5,000자	3,500자	2,300자	1,800자	1,350자	900자	700자	450자	250자	170자	120자	50자
	선정 한자	5,000자	3,500자	2,300자	1,300자	1,000자	700자	500자	300자	150자	70자	50자	30자
	교과서 실용 한자어	고전 및 한시	500단어 (이상)	500단어 (이상)	500자 (436단어) (이상)	350자 (305단어) (이상)	200자 (156단어) (이상)	200자 (139단어) (이상)	150자 (117단어) (이상)	100자 (62단어) (이상)	100자 (62단어) (이상)	70자 (43단어) (이상)	20자 (13단어) (이상)

- 한자자격시험은 사범~8급까지 총 12개 급수로 구성되어 있습니다.
- 국가공인급수는 사범~3급까지, 민간자격법에 의한 교양한자급수는 준3급~8급까지입니다.
- 巾(수건 건)은 교육과학기술부 지정 선정한자(1,800자)에서 제외된 글자이나, 실생활에 자주 활용되며 부수자이므로 준5급에 추가하여 81(80+1)자가 되었습니다.

(5) 급수별 출제문항 수 및 출제기준

구분		급수	사범	1급	2급	3급	준3급	4급	준4급	5급	준5급	6급	7급	8급 (첫걸음)
출제기준		문항수 합계	200	100	100	100	100	100	100	100	100	80	50	50
	주관식	문항수	150	100	70	70	70	70	70	70	70	50	20	20
		비율	75% 이상	65% 이상	70% 이상	70% 이상	70% 이상	70% 이상	70% 이상	70% 이상	70% 이상	60% 이상	40% 이상	40% 이상
		한자쓰기	25	25	25	20	20	20	20	20	20	10	-	-
	객관식	문항수	50	50	30	30	30	30	30	30	30	30	30	30
문항별 배점			2	2	2	2	1	1	1	1	1	1.25	2	2
만점 (환산점수: 100점 만점)			400 (100)	300 (100)	200 (100)	200 (100)	100	100	100	100	100	100	100	100

(6) 급수별 합격기준

구분 \ 급수	사범	1급	2급	3급	준3급	4급	준4급	5급	준5급	6급	7급	8급(첫걸음)
합격 기준 (문항수 기준)	80% 이상	70% 이상	70% 이상	70% 이상	70% 이상	70% 이상	70% 이상	70% 이상	70% 이상	70% 이상	70% 이상	70% 이상

(7) 급수별 시험시간, 출제유형별 비율(%)

구분 \ 급수			사범	1급	2급	3급	준3급	4급	준4급	5급	준5급	6급	7급	8급(첫걸음)
시험시간			120분	80분	60분	60분	60분	60분	60분	60분	60분	60분	60분	60분
출제기준	급수별 선정한자	훈음	25	15	15	15	15	15	15	15	15	20	25	25
		독음	35	15	15	15	15	15	15	15	15	20	25	25
		쓰기	25	20	20	20	20	20	20	20	20	10	–	–
		기타	15	15	15	15	15	15	15	15	15	15	15	15
		소계	100	65	65	65	65	65	65	65	65	65	65	65
	교과서 실용한자어	독음	–	10	10	15	15	15	15	15	15	15	15	15
		용어뜻	–	10	10	10	10	10	10	10	10	10	10	10
		쓰기	–	5	5	0	0	0	0	0	0	0	0	0
		기타	–	10	10	10	10	10	10	10	10	10	10	10
		소계	–	35	35	35	35	35	35	35	35	35	35	35
합계			100	100	100	100	100	100	100	100	100	100	100	100

(8) 국가공인 한자자격 취득자 우대

- 자격기본법 제27조에 의거 국가자격 취득자와 동등한 대우 및 혜택
- 직업교육훈련기관에서 입학 전형자료로 활용
- 직업능력의 우월성 인정으로 취업 시 우대
- 공공기관과 기업체 채용, 보수, 승진과정에서 우대하며 전문대학, 대학교 입학 시 가산점 인정(※우대 반영비율 및 세부사항은 기업체 및 대학 입시 요강에 따름)
- 초·중·고등학생은 교육인적자원부(현 교육과학기술부) 훈령 제719호에

따라 학교생활기록부 자격증 및 인증취득상황란에 등재
- 대상 급수 : 사범, 1급, 2급, 3급

3. 이 책의 특징

이 책은 국가공인 한자자격시험 관리 운영기관인 '(사)한자교육진흥회'가 주관하고, '한국한자실력평가원'에서 시행하는 교양급수 5급 한자자격시험 대비 수험서입니다.

- 이 책은 한자자격시험의 평가 기준과 평가 의도를 정확히 반영하고 있습니다.
- 이 책은 (사)한자교육진흥회의 평가 기준에 따라 준5급 및 5급 선정한자 230자와 교과서한자어 163단어(중복단어 제외), 한자성어 등을 단원별로 구성하여 학습효율을 높일 수 있도록 하였습니다.
- 지금까지 여타 '한자검정'은 '한자의 글자수 암기능력' 만을 측정하여 자격을 부여하고 있습니다. 반면 〈한자자격시험〉은 한자 인지학습은 물론, 초·중·고의 학교급별 교과서에 쓰이고 있는 한자어를 읽고 쓰고 뜻을 알게 하는 과정을 통해 우리말의 어휘력과 사고력, 문제의 핵심을 파악하는 능력 등을 높여 자연스럽게 교과학습 성취도를 향상시켜 줍니다. 이 책은 이러한 평가 방향과 내용을 정확히 분석하여 학습 효과를 높이는 것은 물론이고, 최고의 한자자격시험 적중률을 자랑합니다.

4. 이 책의 구성

- 책의 앞부분에 급수별 선정한자 목록을 수록하였습니다. 5급 선정한자 300자는 6급까지의 하위급수 한자에 준5급 및 5급 고유한자 230자가 더해진 것입니다. **한자자격시험 준5급 및 5급에서는 고유한자 230자의 출제 빈도가 매우 높기 때문에 이 글자들을 집중적으로 학습할 수 있도록 구성하였습니다.**
- 각 단원은 다시 '5급 선정한자 풀이'와 '교과서한자어 풀이', '필수 한자성어', '실전대비 예상·기출문제'로 구성하여 중층적·단계적 학습이 가능하도록 하였습니다.

1 급수별 선정한자 및 교과서 한자어 일람표

- ▶ 8급 선정한자
- ▶ 7급 선정한자
- ▶ 6급 선정한자
- ▶ 준5급 선정한자
- ▶ 5급 선정한자

급수별 선정한자일람표

8급 선정한자

九	아홉 구		水	물 수
口	입 구		十	열 십
女	계집 녀		五	다섯 오
六	여섯 륙		王	임금 왕
母	어머니 모		月	달 월
木	나무 목		二	두 이
門	문 문		人	사람 인
白	흰 백		日	날 일
父	아버지 부, 남자미칭 보		一	한 일
四	넉 사		子	아들 자
山	메 산		中	가운데 중
三	석 삼		七	일곱 칠
上	위 상		土	흙 토
小	작을 소		八	여덟 팔
			下	아래 하
			火	불 화

12 한 번에 합격하는 한자자격시험 5급

급수별 선정한자 일람표

7급 선정한자

江	강 강
工	장인 공
金	쇠 금, 성 김
男	사내 남
力	힘 력
立	설 립
目	눈 목
百	일백 백
生	날 생
石	돌 석
手	손 수
心	마음 심
入	들 입
自	스스로 자
足	발 족
川	내 천
千	일천 천
天	하늘 천
出	날 출
兄	맏 형

6급 선정한자

南	남녘 남
內	안 내, 여관(女官) 나
年	해 년
東	동녘 동
同	한가지, 같을 동
名	이름 명
文	글월 문

급수별 선정한자 일람표

方	모, 방향 방	
夫	지아비, 남편 부	
北	북녘 북, 달아날 배	
西	서녘 서	
夕	저녁 석	
少	적을 소	
外	바깥 외	
正	바를 정	
弟	아우 제	
主	주인 주	
靑	푸를 청	
寸	마디 촌	
向	향할 향	

준5급 선정한자

歌	노래 가
家	집 가
間	사이 간
車	수레 거, 수레 차
巾	수건 건
古	옛 고
空	빌 공
敎	가르칠 교
校	학교 교
國	나라 국
軍	군사 군
今	이제 금
記	기록할 기
氣	기운 기

급수별 선정한자 일람표

己	몸 기
農	농사 농
答	대답, 답할 답
代	대신할 대
大	큰 대
道	길 도
洞	골 동, 꿰뚫을 통
登	오를 등
來	올 래
老	늙을 로
里	마을 리
林	수풀 림
馬	말 마
萬	일만 만
末	끝 말
每	매양 매

面	낯 면
問	물을 문
物	물건, 만물 물
民	백성 민
本	근본 본
分	나눌 분, 푼 푼
不	아니 불, 아니 부
士	선비 사
事	일 사
色	빛 색
先	먼저 선
姓	성씨 성
世	세상 세
所	바, 곳 소
時	때 시
市	저자, 시장 시

급수별 선정한자 일람표

食	밥 식, 먹이 사		字	글자 자
植	심을 식		長	긴 장
室	집 실		場	마당 장
安	편안할 안		電	번개 전
羊	양 양		前	앞 전
語	말씀 어		全	온전할, 전체 전
午	낮 오		祖	할아비, 조상 조
玉	구슬 옥		左	왼 좌
牛	소 우		住	살 주
右	오른 우		地	땅 지
位	자리 위		草	풀 초
有	있을 유		平	평평할 평
育	기를 육		學	배울 학
邑	고을 읍		韓	나라이름 한
衣	옷 의		漢	한수, 한나라 한
耳	귀 이		合	합할 합, 홉 홉

급수별 선정한자 일람표

海	바다 해
孝	효도 효
休	쉴 휴

5급 선정한자

各	각각 각
感	느낄 감
强	강할 강
開	열 개
去	갈 거
犬	개 견
見	볼 견, 뵐 현
京	서울 경
計	셀 계
界	지경, 경계 계

苦	괴로울, 쓸 고
高	높을 고
功	공(들일) 공
共	함께 공
科	과목 과
果	과실, 과일 과
光	빛 광
交	사귈 교
郡	고을 군
近	가까울 근
根	뿌리 근
急	급할 급
多	많을 다
短	짧을 단
當	마땅할 당
堂	집 당

급수별 선정한자 일람표

對	대답할, 대할 대
圖	그림 도
度	법도 도, 헤아릴 탁
刀	칼 도
讀	읽을 독, 구절 두
冬	겨울 동
童	아이 동
頭	머리 두
等	무리 등
樂	즐거울 락, 풍류 악, 좋아할 요
禮	예도, 예절 례
路	길 로
綠	푸를 록
理	다스릴, 이치 리
李	오얏 리
利	이로울 리

命	목숨 명
明	밝을 명
毛	털 모
無	없을 무
聞	들을 문
米	쌀 미
美	아름다울 미
朴	순박할, 성씨 박
反	돌이킬, 반대 반
半	절반 반
發	필, 일어날 발
放	놓을 방
番	차례 번
別	다를, 나눌 별
病	병 병
步	걸음 보

급수별 선정한자 일람표

한자	뜻과 음	한자	뜻과 음
服	옷 복	詩	글 시
部	거느릴, 나눌 부	示	보일 시
死	죽을 사	始	처음, 시작 시
書	글 서	式	법 식
席	자리 석	神	귀신 신
線	줄, 실 선	身	몸 신
省	살필 성, 덜 생	信	믿을 신
性	성품 성	新	새로울 신
成	이룰 성	失	잃을 실
消	사라질 소	愛	사랑 애
速	빠를 속	野	들 야
孫	손자 손	夜	밤 야
樹	나무 수	藥	약 약
首	머리 수	弱	약할 약
習	익힐 습	陽	볕 양
勝	이길 승	洋	큰바다 양

급수별 선정한자 일람표

魚	물고기 어
言	말씀 언
業	일 업
永	길 영
英	꽃부리 영
勇	날쌜, 용기 용
用	쓸 용
友	벗 우
運	움직일, 옮길 운
遠	멀 원
原	들, 언덕, 근본 원
元	으뜸 원
油	기름 유
肉	고기 육
銀	은 은
飮	마실 음

音	소리 음
意	뜻 의
者	놈, 사람 자
昨	어제 작
作	지을 작
章	글 장
在	있을 재
才	재주 재
田	밭 전
題	제목 제
第	차례 제
朝	아침 조
族	겨레 족
晝	낮 주
竹	대 죽
重	무거울 중

급수별 선정한자 일람표

直	곧을 직
窓	창문 창
淸	맑을 청
體	몸 체
村	마을 촌
秋	가을 추
春	봄 춘
親	친할 친
太	클 태
通	통할 통
貝	조개 패
便	편할 편, 똥오줌 변
表	겉 표
品	물건 품
風	바람 풍
夏	여름 하

行	다닐 행
幸	다행 행
血	피 혈
形	모양 형
號	이름, 차례 호
花	꽃 화
話	말씀 화
和	화할, 화목할 화
活	살 활
黃	누를 황
會	모일 회
後	뒤 후

급수별 선정한자 일람표

뜻과 음이 여럿인 한자

[8급]

| 父 | 아비 부, 남자미칭 보 |

[7급]

| 金 | 쇠 금, 성 김 |

[6급]

| 內 | 안 내, 여관(女官) 나 |
| 北 | 북녘 북, 달아날 배 |

[준5급]

車	수레 거, 수레 차
分	나눌 분, 푼 푼
不	아니 불, 아니 부
食	밥 식, 먹일 사
合	합할 합, 홉 홉

[5급]

見	볼 견, 뵐 현
度	법도 도, 헤아릴 탁
讀	읽을 독, 구절 두
洞	골 동, 꿰뚫을 통
樂	즐거울 락, 풍류 악, 좋아할 요
省	살필 성, 덜 생
便	편할 편, 똥오줌 변

교과서한자어 일람표

[준5급]

家族	가족
角	각
感想	감상
經濟	경제
固體	고체
公共	공공
觀光客	관광객
觀察	관찰
求愛行動	구애행동
國寶	국보
記事	기사
農村	농촌
踏査	답사
帶分數	대분수
對照	대조
都市	도시
等高線	등고선
文段	문단
文化財	문화재
博覽會	박람회
博物館	박물관
反省	반성
不導體	부도체
分銅	분동
想像	상상
選擇	선택
所得	소득
素材	소재
俗談	속담
詩	시
實踐	실천

교과서한자어 일람표

液體	액체
約束	약속
讓步	양보
歷史	역사
聯想	연상
年表	연표
預金	예금
禮節	예절
流通	유통
銀行	은행
音樂	음악
資料	자료
電池	전지
主題	주제
地圖	지도
支出	지출

地層	지층
秩序	질서
體操	체조
縮尺	축척
討論	토론
堆積	퇴적
投票	투표
販賣	판매
偏見	편견
便紙	편지
韓半島	한반도
幸福	행복
化石	화석
和音	화음
話題	화제

교과서한자어 일람표

[5급]

加熱	가열
家庭	가정
角度	각도
降水量	강수량
建國	건국
結果	결과
經濟	경제
經驗	경험
計算	계산
季節	계절
固有語	고유어
曲線	곡선
恭敬	공경
公共	공공
公演	공연
工程	공정
觀光客	관광객
慣用表現	관용표현
廣告	광고
區分	구분
求愛行動	구애행동
權利	권리
規則	규칙
極微細	극미세
根據	근거
勤勉	근면
肯定	긍정
氣溫	기온
基準	기준
單位	단위
端正	단정

교과서한자어 일람표

團體	단체
對應	대응
導體	도체
獨立	독립
面談	면담
描寫	묘사
文脈	문맥
文化財	문화재
微笑	미소
博覽會	박람회
半導體	반도체
背景	배경
分類	분류
分數	분수
分布	분포
比較	비교

比例式	비례식
比率	비율
司法府	사법부
社會	사회
想像	상상
生態系	생태계
選擧	선거
選擇	선택
說得	설득
稅金	세금
消極的	소극적
俗談	속담
收入	수입
輸出	수출
時調	시조
樂器	악기

교과서한자어 일람표

巖石	암석		自由	자유
約束	약속		障碍	장애
餘暇	여가		貯金	저금
餘韻	여운		積極的	적극적
旅行	여행		適應	적응
歷史	역사		戰爭	전쟁
役割	역할		傳統	전통
聯想	연상		轉學	전학
汚染	오염		情報	정보
宇宙	우주		政治	정치
原因	원인		尊重	존중
衛星	위성		種類	종류
陸地	육지		地球村	지구촌
以上	이상		地震	지진
印象	인상		地層	지층
自然	자연		秩序	질서

교과서한자어 일람표

參政權	참정권	統一	통일
創意的	창의적	投資	투자
尖端	첨단	投票	투표
超過	초과	便紙	편지
縮尺	축척	標準語	표준어
針葉樹	침엽수	合唱	합창
快適	쾌적	解決	해결
妥協	타협	協同	협동
態度	태도	確率	확률
太陽系	태양계	環境	환경
討議	토의	闊葉樹	활엽수

2 5급 선정한자 풀이

선정한자풀이

歌 노래 가 (준5급)
부 欠 획 14

一 可 冂 哥 哥 歌

哥(노래 가)와 欠(하품 흠)이 합쳐진 글자이다. 하품(欠)을 하듯 입을 크게 벌리고 노래(哥)한다는 것이다. 따라서 '노래'를 뜻한다.

歌曲(가곡) : 시에 곡을 붙인 성악곡
歌手(가수) : 노래 부르는 것이 직업인 사람
*曲 굽을 곡 *手 손 수

家 집 가 (준5급)
부 宀 획 10

丶 宀 宁 豕 家 家

宀(집 면)과 豕(돼지 시)가 합쳐진 글자이다. 옛날에는 해충으로부터 돼지(豕)를 보호하기 위해서 한 지붕(宀) 밑에 작은 돼지집을 만들어 키웠다. 따라서 '집'을 뜻하게 되었다.

家庭(가정) : 1. 한 가족이 생활하는 집
2. 가까운 혈연 관계에 있는 사람들의 생활 공동체
家門(가문) : 가족 또는 가까운 일가로 이루어진 공동체
*庭 뜰 정 *門 문 문

各 각각 각 (준5급)
부 口 획 6

丿 ク 夂 冬 各

夂(뒤져올 치)와 口(입, 사람 구)가 합쳐진 글자이다. 사람(口)들보다 저만치 뒤(夂)에 떨어져 있으니 '각각' 오는 것이다.

各各(각각) : 1. 저마다
2. 사람이나 물건의 하나하나
各別(각별) : 어떤 일에 대한 마음가짐이나 자세 따위가 유달리 특별함
*別 나눌 별

間 사이 간 (준5급)
부 門 획 12

丨 冂 冂 門 問 間

門(문 문)과 日(해, 날 일)이 합쳐진 글자이다. 두 개의 문짝(門) '사이'로 햇빛(日)이 들어오는 것을 나타냈다. 따라서 '사이'를 뜻한다.

時間(시간) : 어떤 시각에서 어떤 시각까지의 사이
年間(연간) : 한 해 동안
*時 때 시 *年 해 년

선정한자 풀이

感 느낄 감
부 心 획 13

厂 厃 咸 咸 感 感

咸(다 함)과 心(마음 심)이 합쳐진 글자이다. 처음엔 같은 마음이더라도 나중엔 다들(咸) 마음(心)이 움직이게 된다. 마음이 흔들리는 것이니 '느끼다'는 뜻이다.

感動(감동) : 크게 느끼어 마음이 움직임
感謝(감사) : 고맙게 여김
*動 움직일 동 *謝 사례할 사

強 강할 강
부 弓 획 12

弓 弘 弘 弘 強 強

弘(클 홍)과 虫(벌레 충)이 합쳐진 글자이다. 크고(弘) 단단한 껍질을 가진 벌레(虫)는 '강하다'는 뜻이다.

強弱(강약) : 강하고 약함
強度(강도) : 강한 정도
*弱 약할 약 *度 법도 도

開 열 개
부 門 획 12

丨 冂 冃 門 閂 開

門(빗장 산)과 廾(두손받들 공)이 합쳐진 글자이다. 빗장(門) 건 문을 양손(廾)으로 미는 것이니, 즉 '열다'는 뜻이 되었다.

開國(개국) : 새로 나라를 세움
開發(개발) : 토지나 자원, 지식, 산업 따위를 발달하게 함
*國 나라 국 *發 필 발

去 갈 거
부 厶 획 5

一 十 土 去 去

밥그릇 뚜껑을 나타낸 土와 밥그릇을 나타낸 厶가 합쳐진 글자다. 밥그릇을 버리고 간다는 데서 '가다'는 뜻이 되었다.

去來(거래) : 주고받음, 또는 사고팖
除去(제거) : 없애 버림
*來 올 래 *除 덜 제

선정한자 풀이

車 수레 거, 차 〔준5급〕
부 車 획 7

一 ㄷ 冂 亘 車

바퀴가 달린 '수레'를 옆에서 본 모양을 본뜬 글자이다. 가운데 田은 바퀴를 나타낸 것이며 그 아래 위는 손잡이를 형상화한 것으로, 수레가 거꾸로 선 모습이라 하겠다.

車馬(거마) : 수레와 말을 아울러 이르는 말
車道(차도) : 찻길
*馬 말 마 *道 길 도

巾 수건 건 〔준5급〕
부 巾 획 3

丨 冂 巾

긴 천이나 수건을 걸어 놓은 모양을 본뜬 글자이다. 冂은 베 조각이고 丨은 벽에 거는 줄을 나타낸 것이다. 따라서 '수건'을 뜻한다.

頭巾(두건) : 상 중에 남자 상제나 어른이 된 복인이 머리에 쓰는 것
手巾(수건) : 얼굴이나 몸을 닦기 위하여 만든 천 조각
*頭 머리 두 *手 손 수

犬 개 견
부 犬 획 4

一 ナ 大 犬

앞발을 들고 짖어대는 개의 옆 모양을 본뜬 글자이다.

忠犬(충견) : 주인에게 충성스러운 개
名犬(명견) : 혈통이 좋은 개
*忠 충성 충 *名 이름 명

見 볼 견, 뵐 현
부 見 획 7

丨 冂 冂 目 貝 見

目(눈 목)과 儿(어진사람 인)이 합쳐진 글자이다. 사람(儿)은 눈(目)으로 사물을 보기 때문에 '본다'는 뜻이 되었으며, '나타나다'는 뜻도 있다.

意見(의견) : 어떤 대상에 대하여 가지는 생각
見聞(견문) : 보거나 듣거나 하여 깨달아 얻은 지식
*意 뜻 의 *聞 들을 문

선정한자 풀이

京 서울 경
부 亠 획 8

`丶 一 古 亨 京 京`

亠(高, 높을 고의 획줄자)와 小(작을 소)가 합쳐진 글자이다. 높은(高) 언덕 위에 작은 (小) 집이 서 있는 모습을 나타낸 것으로, 높은 궁궐이 있는 '서울'을 뜻한다.

上京(상경) : 지방에서 서울로 올라옴
歸京(귀경) : 서울로 돌아가거나 돌아옴
*上 위 상 *歸 돌아갈 귀

計 셀 계
부 言 획 9

`丶 二 亖 言 言 計`

言(말씀 언)과 十(열 십)이 합쳐진 글자이다. 열(十)까지 수를 '헤아린다'는 뜻으로, 수를 헤아리는 것이니, 즉 '셈하다'는 뜻이 되었다. '꾀하다'는 뜻으로도 쓰인다.

計量(계량) : 1. 수량을 헤아림
            2. 부피, 무게 따위를 잼
計略(계략) : 어떤 일을 이루기 위한 꾀나 수단
*量 헤아릴 량 *略 간략 략

界 지경 계
부 田 획 9

`丨 田 毘 界 界`

田(밭 전)과 介(끼일 개)가 합쳐 글자이다. 밭의 경계는 밭(田)과 밭 사이에 끼어있다(介). 이처럼 땅이 나누어지는 경계를 가리켜 '지경'이라고 한다.

世界(세계) : 지구 상의 모든 나라, 또는 인류 사회 전체
境界(경계) : 사물 또는 지역이 어떠한 기준에 의하여 구분되는 한계
*世 세상 세 *境 지경 경

苦 괴로울 고
부 艸 획 9

`艹 𦭜 𦫵 苦 苦`

艹(艸, 풀 초)와 古(옛 고)가 합쳐진 글자이다. 옛날부터(古) 약재로 쓰는 풀(艹)은 먹으면 맛이 썼다. 쓴 것을 먹으니 고통스럽다는 데서 '괴롭다'는 뜻이 되었다.

苦痛(고통) : 몸이나 마음의 괴로움과 아픔
苦悶(고민) : 마음속으로 괴로워하고 애를 태움
*痛 아플 통 *悶 번민할 민

선정한자 풀이

高 높을 고
부 高 획 10

丶 亠 宀 古 高 高

높이 지은 누각의 모양을 본뜬 글자이다. 아래는 출입문을, 위는 누각의 지붕을 나타냈다. 누각은 2층 이상이므로 '높다' 는 뜻이다.

等高線(등고선) : 지도에서 해발 고도가 같은 지점을 연결한 곡선
最高(최고) : 가장 높음 또는 가장 으뜸인 것
*等 무리 등 *線 줄 선 *最 가장 최

古 옛 고 〔준5급〕
부 口 획 5

一 十 十 古 古

十(열 십)과 口(입 구)가 합쳐진 글자이다. 열(十) 세대 동안 입(口)에서 입으로 전해져 오는 것은 이미 오래된 일, 즉 '옛날' 일이라는 뜻이다.

古宮(고궁) : 옛 궁궐
古典(고전) : 1. 옛날의 儀式(의식)이나 法式(법식)
2. 오랫동안 모범이 될 만한 문학이나 예술 작품
*宮 집 궁 *典 법 전

功 공(들일) 공
부 力 획 5

一 T 工 功 功

工(장인 공)과 力(힘 력)이 합쳐진 글자이다. 힘써(力) 일해 공(工)을 세운다는 뜻에서 '공' 또는 '공로' 라는 뜻이 되었다.

功勞(공로) : 일을 마치거나 목적을 이루는 데 들인 노력과 수고, 또는 목적을 이룬 공적
成功(성공) : 목적하는 바를 이룸
*勞 일할 로 *成 이룰 성

空 빌 공 〔준5급〕
부 穴 획 8

丶 宀 宀 灾 灾 空 空

穴(구멍 혈)과 工(장인 공)이 합쳐진 글자이다. 구멍(穴)이 나게 만들어진(工) 물건의 내부는 어떻게 생겼을까? 당연히 텅 비었을 것이다. 따라서 '비다' 는 뜻이다.

空間(공간) : 아무것도 없는 빈 곳
空氣(공기) : 지구를 둘러싼 대기의 하층부를 구성하는 무색, 무취의 투명한 기체
*間 사이 간 *氣 기운 기

선정한자 풀이

共 함께 공
부 八 획 6

一 十 卄 꾸 共 共

卄(스물 입)과 廾(두손받들 공)이 합쳐진 글자이다. 스무 명도 넘는 많은 사람들(卄)이 두 손을 모아(廾) '함께' 받든다는 뜻이다.

共同(공동) : 둘 이상의 사람이나 단체가 함께 일을 하거나, 같은 자격으로 관계를 가짐
共生(공생) : 서로 도우며 함께 삶
*同 한가지 동 *生 날 생

科 과목 과
부 禾 획 9

' 千 禾 禾 科 科

禾(벼 화)와 斗(말 두)가 합쳐진 글자이다. 벼(禾)를 말(斗)로 헤아리는 데도 일정한 과정과 법칙이 있다. 따라서 '과정' 또는 '법칙'을 뜻한다.

科目(과목) : 가르치거나 배워야 할 분야를 세분화한 영역
科學(과학) : 보편적인 진리나 법칙의 발견을 목적으로 한 체계적인 지식
*目 눈 목 *學 배울 학

果 과실 과
부 木 획 8

丨 冂 曰 旦 果 果

田(밭 전)과 木(나무 목)이 합쳐진 글자이다. 밭(田)에서 사람들이 먹고사는 데 필요한 온갖 곡식이 나오듯이, 나무(木)에서도 사람에게 유익한 '열매(과실)'들이 열린다는 뜻이다.

結果(결과) : 1. 열매를 맺음, 또는 그 열매
　　　　　　2. 어떤 원인으로 결말이 생김
因果(인과) : 원인과 결과를 아울러 이르는 말
*結 맺을 결 *因 인할 인

光 빛 광
부 人 획 6

丨 丨 丨 半 꾸 光

火(불 화)의 변형자와 儿(사람 인)이 합쳐진 글자이다. 사람(儿)의 손에 들린 횃불(火)이 빛난다 하여 '빛'이라는 뜻이 되었다.

光陰(광음) : 햇빛과 그늘, 즉 낮과 밤이라는 뜻으로, 시간이나 세월을 이르는 말
光州(광주) : 전라남도의 중앙부에 있는 시
*陰 그늘 음 *州 고을 주

5급 선정한자 풀이

선정한자 풀이

教 가르칠 교 [준5급]
부 攵 획 11

丿 乂 耂 孝 孝 教 教

孝(인도할 교)와 攵(칠 복)이 합쳐진 글자이다. 매로 쳐서(攵) 바른 길로 인도하는(孝) 것이니, 즉 '가르친다' 는 뜻이다.

教科(교과): 학교에서 교육의 목적에 맞게 가르쳐야 할 내용을 계통적으로 짜 놓은 일정한 분야
教育(교육): 지식과 기술 따위를 가르치며 인격을 길러 줌
*科 과목 과 *育 기를 육

交 사귈 교 [준5급]
부 亠 획 6

丶 亠 广 六 亦 交

사람이 두 발을 교차하여 걷는 모습을 본뜬 글자이다. 양발을 서로 맞춰 나가는 모습에서 '서로' 또는 '사귀다' 라는 뜻이 되었다.

交流(교류): 1. 근원이 다른 물줄기가 서로 섞이어 흐름
2. 문화나 사상 따위가 서로 통함
交換(교환): 서로 바꿈
*流 흐를 류 *換 바꿀 환

校 학교 교 [준5급]
부 木 획 10

一 十 木 杧 杧 校 校

木(나무 목)과 交(사귈, 엇걸 교)가 합쳐진 글자이다. 휘어진 나무(木)줄기를 엇갈리게(交) 매어서 똑바로 자라도록 바로잡듯, 사람을 올바르게 인도하는 곳이 '학교' 라는 뜻이다.

校長(교장): 대학이나 학원을 제외한 각급 학교의 으뜸 직위
母校(모교): 자기가 다니거나 졸업한 학교
*長 긴 장 *母 어미 모

國 나라 국 [준5급]
부 囗 획 11

丨 冂 冋 國 國 國

囗(에울 위) 안에 口(입, 사람 구)와 戈(창 과)와 一(땅을 나타냄)이 합쳐진 글자이다. 국경선(囗)에 창(戈)을 든 사람들(口)이 서서 '나라' 를 지킨다는 뜻이다.

國家(국가): 일정한 영토와 거기에 사는 사람들로 구성되고, 主權(주권)에 의한 하나의 통치 조직을 가지고 있는 사회 집단
韓國(한국): 대한민국을 줄여서 부르는 말
*家 집 가 *韓 나라이름 한

선정한자 풀이

郡 고을 군
부 邑　획 10

ㄱ ㅋ ㅋ 君 君' 郡

君(임금 군)과 阝(邑, 고을 읍)이 합쳐진 글자이다. 임금(君)의 명을 받아 '고을'을 다스린다는 뜻이다.

郡守(군수) : 郡(군)의 행정을 맡아보는 으뜸 직위에 있는 사람
郡廳(군청) : 郡(군)의 행정 사무를 맡아보는 기관, 또는 그 청사
*守 지킬 수　*廳 관청 청

軍 군사 군
준5급
부 車　획 9

一 冖 冃 宮 宣 軍

冖(덮을 멱)과 車(수레 거, 차)가 합쳐진 글자이다. 전차(車)로 앞부분을 덮어(冖) 무장하고 전쟁에 나가는 사람이니, 즉 '군사'를 뜻한다.

軍人(군인) : 군대에서 복무하는 사람
軍事(군사) : 군대, 군비, 전쟁 따위와 같은 軍(군)에 관한 일
*人 사람 인　*事 일 사

近 가까울 근
부 辵　획 8

' ´ ŕ Ŕ 斤 沂 近

斤(저울 근) 아래에 辶(辵, 쉬엄쉬엄갈 착)이 받쳐진 글자이다. 저울추(斤)가 움직이는(辶) 모습을 보면 왔다갔다하는 거리가 매우 짧다. 따라서 '가깝다'는 뜻이다.

近視(근시) : 가까운 데 있는 것은 잘 보아도 먼 데 있는 것은 선명하게 보지 못하는 시력
最近(최근) : 얼마 되지 않은 지나간 날
*視 볼 시　*最 가장 최

根 뿌리 근
부 木　획 10

木 朩 朾 朾 根 根 根

木(나무 목)과 艮(그칠 간)이 합쳐진 글자이다. 나무(木)가 자라다가 그치는(艮) 이유는 근본이 되는 뿌리가 약하기 때문이다. 따라서 '뿌리'라는 뜻이다.

根據(근거) : 근본이 되는 거점
根本(근본) : 1. 초목의 뿌리
　　　　　　 2. 사물이나 사람의 본바탕
*據 의거할 거　*本 근본 본

선정한자 풀이

今 이제 금 〔준5급〕
부 人 획 4

丿 人 스 今

ㅅ(모을 집)과 ㄱ(及,미칠 급의 옛 글자)가 합쳐진 글자이다. 사람이 많이 모이는 곳(ㅅ)에 이제야 이르렀다(及)는 것이니 '이제' 또는 '지금' 이라는 뜻이다.

今日(금일) : 1. 오늘
             2. 요사이
只今(지금) : 말하는 바로 이때
*日 날 일 *只 다만 지

急 급할 급 〔준5급〕
부 心 획 9

丿 ㄱ 刍 刍 急 急

刍(及, 미칠 급의 변형자)과 心(마음 심)이 합쳐진 글자이다. 빨리 뒤쫓아 목표물에 미치려고(及), 즉 닿으려고 하다 보면 마음(心)이 조급해진다. 따라서 '급하다' 는 뜻이다.

急變(급변) : 상황이나 상태가 갑자기 달라짐
性急(성급) : 성질이 급하다
*變 변할 변 *性 성품 성

記 기록할 기 〔준5급〕
부 言 획 10

丶 亠 言 言 記 記 記

言(말씀 언)과 己(몸 기)가 합쳐진 글자이다. 己는 무릎을 꿇고 있는 모양으로, 무릎 꿇고 앉아 말(言)을 받아적는 것이다. 따라서 '기록하다' 는 뜻이 되었다.

記事(기사) : 1. 사실을 적음
            2. 신문이나 잡지에서 어떠한 사실을 알리는 글
日記(일기) : 날마다 적는 개인의 기록
*事 일 사 *日 날 일

氣 기운 기 〔준5급〕
부 气 획 10

丿 ㄴ 气 气 氣 氣

气(기운 기)와 米(쌀 미)가 합쳐진 글자이다. 쌀(米)밥을 먹으면 기운(气)이 솟는 것을 알 수 있다. 따라서 '기운' 이란 뜻이다.

生氣(생기) : 싱싱하고 힘찬 기운
香氣(향기) : 꽃, 향, 향수 따위에서 나는 좋은 냄새
*生 날 생 *香 향기 향

선정한자 풀이

己 몸 기 〈준5급〉
부 己 획 3

ㄱ ㄱ 己

사람이 몸을 굽히고 무릎 꿇은 모습을 본뜬 글자이다. '몸' 또는 '자기 자신'을 뜻한다.

利己(이기) : 자기 자신의 이익만을 꾀함
自己(자기) : 그 사람, 또는 나 자신
*利 이로울 리 *自 스스로 자

農 농사 농 〈준5급〉
부 辰 획 13

曲 曲 曲 芦 芦 農

曲(굽을 곡)과 辰(별 진)이 합쳐진 글자이다. 이때 曲은 田(밭 전)이 변형된 것으로, 별(辰)이 보이는 새벽부터 밭(曲)에 나가 하는 일이니 '농사'를 뜻한다.

農夫(농부) : 농사짓는 일을 직업으로 하는 사람
農村(농촌) : 주민의 대부분이 농업에 종사하는 마을이나 지역
*夫 지아비 부 *村 마을 촌

多 많을 다
부 夕 획 6

ノ ク 夕 多 多 多

夕(저녁 석) 2개가 합쳐진 글자이다. 저녁이 2번 넘게 지나면 날수가 많아진다. 따라서 '많다'는 뜻이 되었다.

多讀(다독) : 많이 읽음
多樣(다양) : 여러 가지 모양이나 양식
*讀 읽을 독 *樣 모양 양

短 짧을 단
부 矢 획 12

ノ 矢 矢 矢 短 短 短

矢(화살 시)와 豆(콩 두)가 합쳐진 글자이다. 옛날에는 긴 것은 활로 재고, 짧은 것은 화살(矢)로 재고, 작은 양은 콩(豆)으로 헤아렸다. 따라서 '짧다'는 뜻이 되었다.

長短點(장단점) : 좋은 점과 나쁜 점
短縮(단축) : 시간이나 거리 따위가 짧게 줄어듦
*長 긴 장 *點 점 점 *縮 줄일 축

선정한자 풀이

答 대답, 답할 답 〔준5급〕
부 竹 획 12

필순: ノ 𠂉 𥫗 竺 答 答

竹(대 죽)과 合(합할, 맞을 합)이 합쳐진 글자이다. 종이가 없던 옛날에는 대쪽(竹)에 글을 썼다. 이렇게 대쪽에 쓴 편지에 알맞게(合) 회답한다는 데서 '답하다'는 뜻이 되었다.

對答(대답) : 1. 부르는 말에 응하여 어떤 말을 함
2. 상대가 묻거나 요구하는 것에 대하여 해답이나 제 뜻을 말함
正答(정답) : 옳은 답
*對 대답할 대 *正 바를 정

當 마땅할 당
부 田 획 13

필순: 丨 ⺌ 𭕘 𫩷 常 當

尙(짝지을, 높을 상)과 田(밭 전)이 합쳐진 글자이다. 밭(田)을 맞교환하려면 '마땅히' 그 값이 비슷해야(尙) 한다. 따라서 '마땅하다'는 뜻이 되었다.

當然(당연) : 일의 앞뒤 사정을 놓고 볼 때에 마땅히 그러함
妥當(타당) : 일의 이치로 보아 옳음
*然 그러할 연 *妥 온당할 타

堂 집 당
부 土 획 11

필순: 丨 ⺌ 𭕘 𫩷 堂 堂

尙(높을 상)과 土(흙 토)가 합쳐진 글자이다. 흙(土)을 높게(尙) 돋우고 그 위에 지은 큰 '집'을 뜻한다.

政堂(정당) : 지방의 관아
堂叔(당숙) : 아버지의 사촌 형제로 오촌이 되는 관계
*政 정사 정 *叔 아재비 숙

對 대답할, 대할 대
부 寸 획 14

필순: 丨 ⺌ 𠂉 丵 對 對

종을 매다는 판자를 뜻하는 丵와 손을 뜻하는 寸(마디 촌)이 합쳐진 글자이다. 종걸이(丵)를 손(寸)으로 마주 잡고 있다는 데서 '마주 잡다' 또는 '대하다'는 뜻이 되었다.

對句(대구) : 비슷한 어조나 어세를 가진 것으로 짝 지은 둘 이상의 글귀
對話(대화) : 마주 대하여 이야기를 주고받음
*句 글귀 구 *話 말할 화

선정한자 풀이

代 대신할 대 〔준5급〕
부 人 획 5

ノ 亻 亻 代 代

亻(人, 사람 인)과 弋(취할 익)이 합쳐진 글자이다. 내 것을 다른 사람(亻)이 대신 취하고(弋) 있는 것이니, 즉 '대신하다'는 뜻이다.

代價(대가) : 1. 일을 하고 받는 보수
　　　　　　 2. 노력이나 희생을 통하여 얻게 되는 결과
年代(연대) : 지나간 시간을 일정한 햇수로 나눈 것
*價 값 가 *年 해 년

大 큰 대 〔준5급〕
부 大 획 3

一 ナ 大

사람이 양팔과 다리를 크게 벌리고 있는 모습을 본뜬 글자이다. 따라서 '크다'는 뜻이 되었다.

大路(대로) : 1. 큰길
　　　　　　 2. 어떤 목적을 향하여 나아가는 활동의 큰 방향
大漁(대어) : 물고기가 많이 잡힘
*路 길 로 *漁 고기잡을 어

 그림 도
부 囗 획 14

丨 冂 冂 冈 몸 圖 圖

囗(에울 위)와 창고를 의미하는 몸(인색할 비)가 어우러진 글자이다. 창고(몸)를 설계하기 위해 그림을 '그리다'는 뜻이다.

地圖(지도) : 지구 표면의 상태를 일정한 비율로 줄여, 이를 약속된 기호로 평면에 나타낸 그림
圖形(도형) : 그림의 모양이나 형태
*地 땅 지 *形 모양 형

道 길 도 〔준5급〕
부 辵 획 13

丷 丷 꾸 꾸 首 首 道

首(머리 수)와 辶(辵, 갈 착)이 합쳐진 글자이다. 길을 갈 때는 머리(首) 속으로 목적지를 생각하면서 오가야(辶) 한다. 따라서 '길'을 뜻한다.

道路(도로) : 사람, 차 따위가 잘 다닐 수 있도록 만들어 놓은 비교적 넓은 길
孝道(효도) : 부모를 잘 섬기는 도리
*路 길 로 *孝 효도 효

선정한자 풀이

度 법도 도, 헤아릴 탁
부 广 획 9

亠广广庐序度

庶(庶, 무리 서의 획줄자)와 又(오른손 우)가 합쳐진 글자이다. 한 무리(庶)의 사람이 모두 함께 손(又)으로 헤아려 잰 기준은 '법도'라는 뜻이다.

尺度(척도) : 자로 재는 길이의 표준
溫度(온도) : 따뜻함과 차가움의 정도, 또는 그것을 나타내는 수치

*尺 자 척 *溫 따뜻할 온

刀 칼 도
부 刀 획 2

フ刀

칼의 모양을 본뜬 글자이다.

短刀(단도) : 날이 한쪽에만 서 있는 짧은 칼
面刀(면도) : 얼굴이나 몸에 난 수염이나 잔털을 깎음

*短 짧을 단 *面 낯 면

讀 읽을 독, 구절 두
부 言 획 22

丶言言誌讀讀

言(말씀 언)과 賣(팔 매)가 합쳐진 글자이다. 물건을 팔기(賣) 위해 장사꾼이 소리(言) 내어 외치듯이 책을 소리 내서 '읽는다'는 뜻이다.

讀書(독서) : 책 읽기
讀後感(독후감) : 책이나 글 따위를 읽고 난 뒤의 느낌을 적은 글

*書 글 서 *後 뒤 후 *感 느낄 감

冬 겨울 동
부 冫 획 5

丿夂夂冬冬

冫(氷, 얼음 빙)과 夂(뒤져올 치)가 합쳐진 글자이다. 일 년의 맨 뒤에 오는(夂) 계절로 얼음(冫)이 어는 때인 '겨울'을 뜻한다.

冬眠(동면) : 겨울이 되면 동물이 활동을 중단하고 땅속 따위에서 겨울을 보내는 일
冬至(동지) : 일 년 중 밤이 가장 길고 낮이 가장 짧은 날

*眠 잠잘 면 *至 이를 지

선정한자 풀이

洞 골 동 《준5급》
부 水　획 9

필순: `丶 氵 氵 泂 泂 洞`

氵(水, 물 수)와 同(한가지 동)이 합쳐진 글자이다. 같은(同) 우물(氵)을 사용하는 곳이니, 즉 같은 동네인 '마을'이라는 뜻이 되었다.

洞窟(동굴) : 자연적으로 생긴 깊고 넓은 큰 굴
洞長(동장) : 한 동네의 우두머리
*窟 굴 굴　*長 긴 장

童 아이 동
부 立　획 12

필순: `丶 亠 立 音 童 童`

立(설 립)과 里(마을 리)가 합쳐진 글자이다. 마을(里) 어귀에 서서(立) 노는 어린 '아이'를 뜻한다.

童心(동심) : 어린아이의 마음
童話(동화) : 어린이를 위하여 童心(동심)을 바탕으로 지은 이야기
*心 마음 심　*話 말할 화

頭 머리 두
부 頁　획 16

필순: `一 口 豆 豆´ 頭 頭`

豆(콩 두)와 頁(머리 혈)이 합쳐진 글자이다. 사람의 머리(頁) 모양이 꼭 콩(豆)처럼 생겼다는 데서 '머리'라는 뜻이 되었다.

頭角(두각) : 1. 짐승의 머리에 있는 뿔
　　　　　　2. 뛰어난 학식이나 재능을 비유적으로 이르는 말
頭目(두목) : 패거리의 우두머리
*角 뿔 각　*目 눈 목

等 무리 등
부 竹　획 12

필순: `丿 ㅗ 竹 竹 笁 等`

竹(대 죽)과 寺(관청 시)가 합쳐진 글자이다. 종이가 없던 옛날에는 관청(寺) 서류를 대나무(竹)로 만들었다. 서류는 비슷한 무리끼리 정리해야 하므로 '무리'라는 뜻이 되었다.

等級(등급) : 높고 낮음이나 좋고 나쁨 따위의 차이를 여러 층으로 구분한 단계
等邊(등변) : 다각형에서 각 변의 길이가 같음, 또는 길이가 같은 변
*級 등급 급　*邊 가 변

선정한자 풀이

登 오를 등 〔준5급〕
부 癶 획 12

ノ ᄀ 癶 癶 癶 登 登

癶(걸을 발)과 豆(제기 두)가 합쳐진 글자이다. 豆자 모양의 디딤대를 밟고(癶) 올라가는 것을 나타냈다. 따라서 '오르다'는 뜻이 되었다.

登校(등교) : 학생이 학교에 감
登山(등산) : 운동, 놀이, 탐험 따위의 목적으로 산에 오름

*校 학교 교 *山 메 산

樂 즐거울 락, 풍류 악
부 木 획 15

白 絈 絈 絈 樂 樂

실로 북통을 맨 모양인 㰀와 木(나무 목)이 합쳐진 글자이다. 북(㰀)을 나무받침대(木) 위에 올려놓은 모양인데, 북은 대표적인 악기이므로 '음악(풍류)', '즐겁다'는 뜻이 되었다.

樂士(악사) : 악기로 음악을 연주하는 사람
娛樂(오락) : 쉬는 시간에 여러 가지 방법으로 기분을 즐겁게 하는 일

*士 선비 사 *娛 즐거워할 오

來 올 래 〔준5급〕
부 人 획 8

一 ア 丆 夾 夾 來 來

주나라 때에 이상적인 통치를 실현하자 하늘에서 보리(곡식)가 내려왔다는 전설에서 비롯된 글자이다. 따라서 '오다'는 뜻이다.

來年(내년) : 올해의 바로 다음해
未來(미래) : 앞으로 올 날

*年 해 년 *未 아닐 미

禮 예도, 예절 례
부 示 획 18

示 禾 示豊 禮 禮 禮

示(보일, 귀신 시)와 豊(풍년 풍)이 합쳐진 글자이다. 豊은 재물을 가득 담아놓은 모양인데, 귀신(示)에게 재물을 올릴 때는 예의를 갖춰야 하므로 '예절'이라는 뜻이 되었다.

禮節(예절) : 예의에 관한 모든 절차나 질서
禮儀(예의) : 존경의 뜻을 표하기 위하여 예로써 나타내는 말투나 몸가짐

*節 마디 절 *儀 거동 의

선정한자 풀이

路 길 로
부 足 획 13

`' ㅁ ㅁ ㅁ` 趵 路

足(발 족)과 各(각각 각)이 합쳐진 글자이다. 각각(各)의 사람들이 발(足)로 걸어다니는 '길'을 뜻한다.

道路(도로) : 사람, 차 따위가 잘 다닐 수 있도록 만들어 놓은 비교적 넓은 길
線路(선로) : 기차나 전차의 바퀴가 굴러 가도록 레일을 깔아 놓은 길
*道 길 도 *線 줄 선

老 늙을 로 준5급
부 老 획 6

`一 十 土 耂 耂 老`

허리가 굽은 백발의 늙은이가 지팡이를 짚고 서 있는 모양을 본뜬 글자이다. 따라서 '늙다'는 뜻이 되었다.

老年(노년) : 나이가 들어 늙은 때, 또는 늙은 나이
老人(노인) : 나이가 들어 늙은 사람
*年 해 년 *人 사람 인

綠 푸를 록
부 糸 획 14

`' ㄠ 糸 紀 紀 綠`

糸(실 사)와 彔(나무깎을 록)이 합쳐진 글자이다. 실을 뽑기 위해 나무 속 껍질을 깎아냈더니(彔) 그 속의 섬유질(糸)이 '초록색' 이라는 뜻이다.

綠色(녹색) : 파란색과 노란색의 중간색, 또는 그 물감
草綠(초록) : 풀의 빛깔과 같이 푸른빛을 약간 띤 녹색, 또는 그 물감
*色 빛 색 *草 풀 초

理 다스릴, 이치 리
부 玉 획 11

`T 王 王 理 理 理`

玉(구슬 옥)과 里(다스릴 리)가 합쳐진 글자이다. 옥(玉)을 갈고 다듬어(里) 잘 '다스리다'는 뜻이다. 나중에 玉의 ㆍ이 사라져서 지금 같은 모양의 글자가 되었다.

理解(이해) : 사리를 분별하여 해석함
理致(이치) : 사물의 정당한 條理(조리), 또는 도리에 맞는 취지
*解 풀 해 *致 이를 치

선정한자 풀이

里 마을 리 _{준5급}
부 里   획 7

丨 口 日 旦 甲 里

田(밭 전)과 土(흙 토)가 합쳐진 글자이다. 밭(田)과 토지(土)가 있으면 사람이 모여 살 수 있다. 따라서 '마을'이라는 뜻이 되었다.

里長(이장) : 행정 구역의 단위인 里(리)를 대표하여 일을 맡아보는 사람
萬里長城(만리장성) : 중국의 북쪽에 있는 성, 옛날 중국 국경을 따라 오랑캐가 침입하지 못하도록 길게 지은 것
*長 긴 장 *萬 일만 만 *城 성 성

李 오얏 리
부 木   획 7

一 十 才 木 李 李

木(나무 목)과 子(아들 자)가 합쳐진 글자이다. 오얏(자두의 옛말)을 따기 위해 아이(子)가 나무(木) 아래에 서 있는 모습을 나타냈다. 따라서 '오얏(자두)'이란 뜻이다.

桃李(도리) : 복숭아와 자두
張三李四(장삼이사) : 이름이나 신분이 특별하지 아니한 평범한 사람들
*桃 복숭아 도 *張 베풀 장 *三 석 삼
*四 넉 사

利 이로울 리
부 刀   획 7

一 二 千 禾 利 利

禾(벼 화)와 刂(刀, 칼 도)가 합쳐진 글자이다. 벼(禾)를 칼(刂)로 베어 수확하면 모두가 밥을 먹을 수 있으므로 '이롭다'는 뜻이다.

利益(이익) : 물질적으로나 정신적으로 보탬이 되는 것
便利(편리) : 편하고 이로우며 이용하기 쉬움
*益 더할 익 *便 편할 편

林 수풀 림 _{준5급}
부 木   획 8

一 十 才 木 材 林

木(나무 목) 2개가 합쳐진 글자이다. 나무(木)가 줄지어 서 있는 모습을 나타냈다. 따라서 '숲'을 뜻한다.

山林(산림) : 산과 숲, 또는 산에 있는 숲
樹林(수림) : 나무숲
*山 메 산 *樹 나무 수

선정한자 풀이

馬 말 마 〔준5급〕
부 馬 획 10

丨 厂 FT 严 馬 馬

말의 옆 모양을 본뜬 글자이다. 윗부분은 머리, 아랫부분은 말의 다리를 나타낸다.

馬力(마력) : 동력이나 일의 양을 나타내는 실용 단위로서, 말 한 마리의 힘에 해당하는 일의 양
出馬(출마) : 1. 말을 타고 나감
2. 선거에 입후보함

*力 힘 력 *出 날 출

萬 일만 만 〔준5급〕
부 艹 획 13

一 艹 艹 苩 萬 萬

艹(艸, 풀 초)와 日(가로 왈)과 禸(발자국 유)가 어우러진 글자이다. 艹는 벌의 더듬이, 日은 몸통, 禸는 발의 모양을 나타냈다. 벌들은 그 수가 많으므로 '일만'이라는 뜻이다.

萬歲(만세) : 바람이나 경축, 환호 따위를 나타내기 위하여 두 손을 높이 들면서 외치는 소리
千萬(천만) : 만의 천 배가 되는 수

*歲 해 세 *千 일천 천

末 끝 말 〔준5급〕
부 木 획 5

一 二 丰 才 末

一(머리 두)와 木(나무 목)이 합쳐진 글자이다. 나무(木)의 맨 위(一) 부분은 나뭇가지의 '끝'이라는 뜻이다.

結末(결말) : 어떤 일이 마무리되는 끝
週末(주말) : 한 주일의 끝, 즉 토요일에서 일요일까지

*結 맺을 결 *週 돌 주

每 매양 매 〔준5급〕
부 母 획 7

丿 一 ㄷ 듀 每 每

𠂉(屮, 풀싹나올 철의 변형자)과 母(어미 모)가 합쳐진 글자이다. 하나의 뿌리(母)에서 잇달아 나온 싹(屮)들은 그 모양이 비슷비슷하다. 따라서 '매양'이란 뜻이다.

每事(매사) : 하나하나의 모든 일
每日(매일) : 1. 각각의 개별적인 나날
2. 하루하루마다

*事 일 사 *日 날 일

선정한자 풀이

面 낯 면
준5급
부 面 획 9

一 丆 丙 而 面 面

사람의 얼굴과 그 앞쪽 윤곽을 본뜬 글자이다. 따라서 '얼굴'을 뜻한다.

洗面(세면) : 얼굴을 씻음
平面(평면) : 평평한 표면
*洗 씻을 세 *平 평평할 평

命 목숨 명
부 口 획 8

人 亼 亼 合 合 命 命

令(명령 령)과 口(입 구)가 합쳐진 글자이다. 원래는 입(口)으로 명령(令)을 내린다는 의미였다. 나아가 생명은 하늘의 명(令)에 의해 결정되므로 '목숨'이란 뜻이 되었다.

命令(명령) : 윗사람이나 상위 조직이 아랫사람에게나 하위 조직에 무엇을 하게 함
生命(생명) : 사람이 살아서 숨 쉬고 활동할 수 있게 하는 힘
*令 명령령 령 *生 날 생

明 밝을 명
부 日 획 8

丨 日 日 明 明 明

日(해 일)과 月(달 월)이 합쳐진 글자이다. 해(日)와 달(月)은 모두 밝다. 따라서 '밝다'는 뜻이다.

明明白白(명명백백) : 의심할 여지가 없이 아주 뚜렷함
明暗(명암) : 1. 밝음과 어두움
2. 기쁜 일과 슬픈 일
*白 흰 백 *暗 어두울 암

毛 털 모
부 毛 획 4

一 ニ 三 毛

짐승의 꼬리털 모양을 본뜬 글자이다.

毛皮(모피) : 털가죽
羊毛(양모) : 양의 털
*皮 가죽 피 *羊 양 양

선정한자 풀이

無 없을 무
부 火 획 12

丿 𠂉 ⺁ 無 無 無

𠂉(大, 큰 대의 변형자)와 수풀을 뜻하는 ㅵ와 灬(火, 불 화)가 어우러진 글자이다. 아무리 큰(大) 숲이라도 불(灬)이 나면 다 타서 수풀(ㅵ)이 없어진다. 따라서 '없다'는 뜻이다.

無能(무능) : 능력이나 재능이 없음
無效(무효) : 보람이나 효과가 없음
*能 능할 능 *效 본받을 효

聞 들을 문
부 耳 획 14

丨 冂 冂 門 問 聞

門(문 문)과 耳(귀 이)가 어우러진 글자이다. 문(門)에 귀(耳)를 대고 엿듣는 모양을 나타냈다. 따라서 '듣다'는 뜻이다.

所聞(소문) : 어떤 일이나 사물을 살펴보고 가지게 되는 생각이나 의견
見聞(견문) : 보거나 듣거나 하여 깨달아 얻은 지식
*所 바 소 *見 볼 견

問 물을 문   준5급
부 口 획 11

丨 冂 冂 門 門 問

門(문 문)과 口(입 구)가 합쳐진 글자이다. 문(門)에 들어서자마자 입(口)으로 식구들의 안부를 '묻는다'는 뜻이다.

問安(문안) : 웃어른께 안부를 여쭘
質問(질문) : 모르거나 의심나는 점을 물음
*安 편안할 안 *質 바탕 질

物 물건, 만물 물   준5급
부 牛 획 8

丿 ⺧ 牜 牛 牣 物

牜(소 우)와 勿(깃발 물)이 합쳐진 글자이다. 원래는 깃발(勿)에 주름이 잡히듯 줄무늬가 있는 소(牛)를 뜻했다. 나아가 소(牛)는 농부가 가진 대표적인 '물건'이라는 뜻이 되었다.

物件(물건) : 일정한 형체를 갖춘 모든 물질적 대상
植物(식물) : 생물계의 두 갈래 가운데 하나
〈반대어〉動物(동물)
*件 사건 건 *植 심을 식

선정한자 풀이

米 쌀 미
부 米 획 6

丶 丷 丷 ᅮ 米 米

쌀의 낟알을 본뜬 글자이다.

白米(백미) : 흰 쌀
玄米(현미) : 벼의 겉껍질만 벗겨 낸 쌀
*白 흰 백 *玄 검을 현

美 아름다울 미
부 羊 획 9

丷 丷 ᅮ 羊 美 美

羊(양 양)과 大(큰 대)가 합쳐진 글자이다. 양(羊)은 클수록(大) 아름답고 털이 곱다는 데서 '아름답다' 는 뜻이 되었다.

美談(미담) : 사람을 감동시킬 만큼 아름다운 내용을 가진 이야기
美德(미덕) : 아름답고 갸륵한 덕행
*談 말씀 담 *德 덕 덕

民 백성 민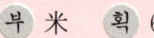
부 氏 획 5

ᄀ ᄀ ᄅ 民 民

冖(덮을 멱)과 氏(성씨 씨)가 합쳐진 글자이다. 저마다 성씨를 가진 나라 안의 모든 씨(氏)족을 하나의 이름으로 덮어(冖) '백성' 이라고 부른다는 뜻이다.

民間(민간) : 관청이나 정부 기관에 속하지 않은 일반 백성
住民(주민) : 일정한 지역에 살고 있는 사람
*間 사이 간 *住 살 주

朴 순박할, 성씨 박
부 木 획 6

一 十 ᅳ 木 朴 朴

木(나무 목)과 卜(점칠 복)이 합쳐진 글자이다. 옛날에는 점(卜)을 칠 때 거북의 등처럼 생긴 나무껍질을 썼다. 나무껍질처럼 '순박하다' 는 뜻으로 '성씨' 로도 쓰인다.

淳朴(순박) : 거짓이나 꾸밈이 없이 순수하며 인정이 두터움
素朴(소박) : 꾸밈이나 거짓이 없고 수수함
*淳 순박할 순 *素 흴 소

선정한자 풀이

反 — 돌이킬, 반대 반
부 又 획 4

一厂厅反

厂(바위 엄)과 又(손 우)가 합쳐진 글자이다. 바윗돌(厂)을 손(又)으로 뒤집어서 반대쪽으로 '돌이키다'는 뜻이다.

反對(반대) : 두 사물이나 사람, 의견 등이 서로 등지거나 맞섬
反省(반성) : 자신의 언행에 대하여 잘못이나 부족함이 없는지 돌이켜 봄
*對 대답할 대 *省 살필 성

半 — 절반 반
부 十 획 5

丶丷ᅩ半

八(쪼갤, 여덟 팔)과 牛(소 우)가 합쳐진 글자이다. 소(牛)를 잡아 둘로 나눈다(八)는 데서 '반'이라는 뜻이 되었다.

半折(반절) : 절반
半半(반반) : 절반으로 나누어 가른 각각의 몫
*折 꺾을 절

發 — 필, 일어날 발
부 癶 획 12

フヲ癶ᄬ發發

癶(발로뭉갤 발)과 弓(활 궁)이 합쳐진 글자이다. 두 발로 풀을 뭉개고(癶) 서서 활(弓)을 '쏜다'는 뜻이다. 나아가 꽃이 힘차게 나온다는 데서 '피다'는 뜻이 되었다.

發生(발생) : 어떤 일이나 사물이 생겨남
發展(발전) : 더 낫고 좋은 상태나 더 높은 단계로 나아감
*生 날 생 *展 펼 전

放 — 놓을 방
부 攵 획 8

丶亠方方放

方(방향 방)과 攵(칠 복)이 합쳐진 글자이다. 원래는 회초리로 쳐서(攵) 다른 방향(方)으로 내쫓는다는 뜻이었다. 이것이 나아가 놓아주다, 즉 '놓다'는 뜻이 되었다.

放置(방치) : 내버려 둠
放學(방학) : 학교에서 학기나 학년이 끝난 뒤 또는 더위, 추위가 심한 일정 기간 동안 수업을 쉬는 일
*置 둘 치 *學 배울 학

선정한자 풀이

番 차례 번
부 田 획 12

필순: 一 ⺘ ⺧ 平 釆 番

釆(짐승발자국 변)과 田(밭 전)이 합쳐진 글자이다. 밭(田)에 짐승발자국(釆)이 앞뒤로 나있다는 데서 '차례'라는 뜻이 되었다.

番地(번지) : 땅을 일정한 기준에 따라 나누어서 매겨 놓은 번호, 또는 그 땅
當番(당번) : 어떤 일을 책임지고 돌보는 차례가 됨, 또는 그 차례가 된 사람
*地 땅 지 *當 마땅 당

別 다를, 나눌 별
부 刀 획 7

필순: 丶 ㄇ 목 另 別 別

另(가를 과)와 刂(刀, 칼 도)가 합쳐진 글자이다. 칼(刂)로 살(另)을 발라내어 살과 뼈를 구분한다는 데서 '나누다'는 뜻이 되었다.

區別(구별) : 성질이나 종류에 따라 나타나는 차이
別味(별미) : 특별히 좋은 맛, 또는 그 맛을 지닌 음식
*區 나눌 구 *味 맛 미

病 병 병
부 疒 획 10

필순: 亠 广 疒 疒 病 病

疒(병 녁)과 丙(밝을 병)이 합쳐진 글자이다. 병(疒)이 나서 밤새도록 불을 밝히며(丙) 살펴본다는 의미이다. 따라서 '병'을 뜻한다.

問病(문병) : 앓는 사람을 찾아가 위로함
病院(병원) : 病者(병자)를 진찰하기 위한 의료기관
*問 물을 문 *院 집 원

步 걸음 보
부 止 획 7

필순: 丨 卜 ⺊ 꾸 步 步

止(멈출 지)와 少(밟을 달)이 합쳐진 글자이다. 두 발로 땅을 밟고(少) 가다가 멈추었다가(止) 한다는 데서 '걸음'이란 뜻이 되었다.

速步(속보) : 빨리 걸음, 또는 빠른 걸음
步行(보행) : 걸어다님
*速 빠를 속 *行 갈 행

선정한자 풀이

服 옷 복
부 月 획 8

丿 月 𦘒 服 服 服

月(달 월)과 艮(다스릴 복)이 합쳐진 글자이다. 달(月)이 차가운 밤하늘을 따뜻하게 다스리듯(艮) 몸을 따뜻하게 보호하는 것이 '옷'이라는 뜻이다.

校服(교복) : 학교에서 학생들이 입도록 정한 제복
衣服(의복) : 옷
*校 학교 교 *衣 옷 의

本 근본 본 준5급
부 木 획 5

一 十 才 木 本

木(나무 목)과 一(한 일)이 합쳐진 글자이다. 나무(木)의 뿌리(一)를 나타낸 것으로, 나무는 뿌리가 '근본'이라는 뜻이다.

本來(본래) : 사물이나 사실이 전하여 내려온 그 처음
根本(근본) : 1. 초목의 뿌리
         2. 사람이나 사물의 본바탕
*來 올 래 *根 뿌리 근

部 거느릴, 나눌 부
부 邑 획 11

丶 亠 圥 咅 部

咅(가를 부)와 阝(邑, 고을 읍)이 합쳐진 글자이다. 다스리기 쉽도록 여러 고을(阝)을 갈랐음을(咅) 나타낸다. 따라서 '나누다'는 뜻이다.

部下(부하) : 직책상 자기보다 더 낮은 자리에 있는 사람 〈유의어〉 手下(수하)
部分(부분) : 전체를 이루는 작은 범위
*下 아래 하 *分 나눌 분

分 나눌 분, 푼 푼 준5급
부 刀 획 4

丿 八 分 分

八(쪼갤, 여덟 팔)과 刀(칼 도)가 합쳐진 글자이다. 칼(刀)로 쪼개서(八) '나누다'는 뜻이다.

分類(분류) : 종류에 따라서 가름
分配(분배) : 몫몫이 별러 나눔
         〈유의어〉 配分(배분)
*類 무리 류 *配 나눌 배

선정한자 풀이

不 아니 불, 부 〔준5급〕
부 一 획 4

一 フ 不 不

여기서 一은 하늘을 형상화한 것으로, 하늘(一) 높이 새가 날아오르는 모양(小)을 본뜬 글자이다. 한번 날아간 새는 다시 돌아오지 않으므로 '아니하다'는 뜻이 되었다.

不可(불가) : 1. 옳지 않음
  2. 가능하지 않음
不正(부정) : 올바르지 아니하거나 옳지 못함
*可 옳을 가 *正 바를 정

士 선비 사 〔준5급〕
부 士 획 3

一 十 士

十(열 십)과 一(한 일)이 합쳐진 글자이다. 하나(一)를 들으면 열(十)을 아는 사람은 '선비'라는 뜻이다.

上士(상사) : 하사관 계급의 하나, 원사의 아래이며 중사의 위
學士(학사) : 대학의 학부 과정을 마치고 규정된 절차를 밟은 사람에게 수여하는 학위
*上 위 상 *學 배울 학

事 일 사 〔준5급〕
부 亅 획 8

一 ㄱ ㄲ 드 ㅁ 듯 亐 듣 事

깃발을 세워서 손으로 들고 있는 모양을 본뜬 글자이다. 깃발을 들고 있는 것도 하나의 '일'이라는 뜻이며, 이렇게 충실히 일하며 윗사람을 '섬긴다'는 뜻도 있다.

事件(사건) : 사회적으로 문제를 일으키거나 주목을 받을 만한 뜻밖의 일
事實(사실) : 실제로 있었던 일이나 현재 있는 일
*件 사건 건 *實 열매 실

死 죽을 사 〔준5급〕
부 歹 획 6

一 ㄱ ㄗ 歹 死 死

歹(앙상한뼈 알)과 匕(죽을 화)가 합쳐진 글자이다. 사람이 죽어(匕) 뼈만 앙상하게(歹) 남았음을 나타낸다. 따라서 '죽음'이라는 뜻이다.

死亡(사망) : 사람이 죽음
生死(생사) : 삶과 죽음을 아울러 이르는 말
*亡 망할 망 *生 날 생

선정한자 풀이

色 빛 색 〔준5급〕
부 色 획 6

필순: 丿 ⺈ ⺈ 옄 옄 色

⺈(人, 사람 인의 변형자)와 巴(卩, 무릎마디 절의 변형자)가 합쳐진 글자이다. 무릎마디가 들어맞듯 사람마음이 바뀌는 것이 드러나는 얼굴 '빛' 을 뜻한다.

色彩(색채) : 빛깔
黃色(황색) : 누런색
*彩 채색 채 *黃 누를 황

書 글 서
부 日 획 10

필순: 一 コ 肀 聿 書 書

聿(붓 율)과 日(말할 왈)이 합쳐진 글자이다. 말(日)로 전해 내려오는 이야기를 붓(聿)으로 옮겨 적는 것이니, 즉 '글' 을 뜻한다.

書家(서가) : 글씨를 아주 잘 쓰는 사람
書頭(서두) : 글을 시작하는 첫머리
*家 집 가 *頭 머리 두

席 자리 석
부 巾 획 10

필순: 一 广 广 庐 席 席

广(庶, 무리 서의 획줄자)와 巾(수건, 헝겊 건)이 합쳐진 글자이다. 여러 사람(庶)이 앉을 수 있도록 천(巾)을 깔아 '자리' 를 만든다는 뜻이다.

席次(석차) : 자리 또는 성적의 차례
出席(출석) : 어떤 자리에 나아가 참석함
*次 버금 차 *出 날 출

先 먼저 선 〔준5급〕
부 人 획 6

필순: 丿 ⺊ 屮 生 ⺧ 先

⺧(之, 갈 지의 변형자)와 儿(사람 인)이 합쳐진 글자이다. 어딘가로 가는(之) 사람(儿)은 제자리에 가만히 있는 사람보다 앞서 나가게 된다. 따라서 '먼저' 라는 뜻이 되었다.

先頭(선두) : 대열이나 행렬, 활동 따위에서 맨 앞
先祖(선조) : 먼 윗대의 조상
*頭 머리 두 *祖 조상 조

선정한자 풀이

線 줄, 실 선
부 糸 획 15

` 幺 糸 約 絈 線

糸(실 사)와 泉(샘 천)이 합쳐진 글자이다. 샘(泉)은 물이 끊이지 않아야 쓸모가 있는 것처럼, 실도 끊기지 않고 이어져 있어야 한다는 데서 '실' 또는 '줄'을 의미하게 되었다.

線路(선로) : 기차나 전차의 바퀴가 굴러 가도록 레일을 깔아 놓은 길
地平線(지평선) : 편평한 대지의 끝과 하늘이 맞닿아 보이는 경계선
*路 길 로 *地 땅 지 *平 평평할 평

省 살필 성, 덜 생
부 目 획 9

` ⺌ 小 少 省 省

少(적을 소)와 目(눈 목)이 합쳐진 글자이다. 눈(目)을 작게(少) 뜨고 자세하게 '살핀다'는 뜻이다.

反省(반성) : 자신의 언행에 대하여 잘못이나 부족함이 없는지 돌이켜 봄
省略(생략) : 전체에서 일부를 줄이거나 뺌
*反 돌이킬 반 *略 간략 략

姓 성씨 성 (준5급)
부 女 획 8

く 女 奵 姓 姓

女(여자 녀)와 生(날 생)이 합쳐진 글자이다. 옛날에는 여자(女)가 아이를 낳으면(生) 어머니의 성이나 태어난 곳의 이름을 따라 '성씨'로 삼았다는 뜻이다.

姓名(성명) : 성과 이름을 아울러 이르는 말
百姓(백성) : 나라의 근본을 이루는 일반 국민
*名 이름 명 *百 일백 백

性 성품 성
부 心 획 8

` ⺌ 忄 忄 忄 性 性

忄(心, 마음 심)과 生(날 생)이 합쳐진 글자이다. 사람이 태어나(生) 살아가면서 쓰는 마음(忄)씀씀이를 '성품'이라 한다는 뜻이다.

性格(성격) : 개인이 가지고 있는 고유의 성질이나 품성
異性(이성) : 성별이 다름
*格 격식 격 *異 다를 이

선정한자 풀이

成 이룰 성
부 戈 획 7

丿 厂 厂 成 成 成

戊(무성할 무)와 丁(장정 정)이 합쳐진 글자이다. 장정(丁)은 혈기왕성(戊)하므로 목적한 일을 잘 이뤄낸다. 따라서 '이루다'는 뜻이다.

成功(성공) : 목적하는 바를 이룸
形成(형성) : 어떤 형상을 이룸
*功 공 공 *形 모양 형

世 세상 세 〔준5급〕
부 一 획 5

一 十 卄 世 世

卅(서른 삽)과 一(한 일)이 합쳐진 글자이다. 삼십 년(卅)을 한(一) 세대로 보아 '세대' 또는 '세상'을 뜻한다.

世代(세대) : 어린아이가 성장하여 부모 일을 계승할 때까지의 약 30년 정도 되는 기간
世上(세상) : 사람이 살고 있는 모든 사회를 통틀어 이르는 말
*代 대신할 대 *上 위 상

所 바, 곳 소 〔준5급〕
부 戶 획 8

` ³ 戶 戶 所 所 所

戶(집 호)와 斤(도끼 근)이 합쳐진 글자이다. 문(戶) 안에서 도끼(斤) 소리가 나는 '장소' 또는 '곳'을 뜻한다.

所有(소유) : 가지고 있음, 또는 그 물건
所重(소중) : 매우 귀중함
*有 있을 유 *重 무거울 중

消 사라질 소
부 水 획 10

` ⺡ ⺡ 沪 消 消

氵(水, 물 수)와 肖(작을 소)가 합쳐진 글자이다. 물(氵)줄기가 점점 작아지다(肖) 결국 '사라진다'는 뜻이다.

消滅(소멸) : 사라져 없어짐
消火(소화) : 섭취한 음식물을 분해하여 영양분을 흡수하기 쉬운 형태로 변화시키는 일
*滅 멸할 멸 *消 사라질 소

선정한자 풀이

速 빠를 속
부 辵 획 11

一 〒 〒 束 束 速

辶(辵, 쉬엄쉬엄갈 착)이 束(묶을 속)을 받친 글자이다. 물건을 한데 묶어서(束) 가지고 가면(辶) 하나하나 옮길 때보다 '빠르다'는 뜻이다.

速度(속도): 물체가 나아가거나 일이 진행되는 빠르기
迅速(신속): 매우 날쌔고 빠름
*度 법도 도 *迅 빠를 신

孫 손자 손
부 子 획 10

了 子 孑 孫 孫

子(아들 자)와 系(이을 계)가 합쳐진 글자이다. 아들(子)의 핏줄을 계속해서 이어(系) 나가는 사람이니 '손자'를 뜻한다.

外孫(외손): 딸이 낳은 자식, 외손자와 외손녀를 이름
子孫(자손): 자식과 손자를 아울러 이르는 말
*外 바깥 외 *子 아들 자

樹 나무 수
부 木 획 16

一 木 杧 桔 桔 樹

木(나무 목)과 尌(세울 주)가 합쳐진 글자이다. 나무(木)를 심을 때는 세워서(尌) 심는다. 따라서 '나무' 또는 '세우다'는 뜻이다.

樹木(수목): 살아 있는 나무
果樹園(과수원): 과실나무를 심은 밭
*木 나무 목 *果 실과 과 *園 동산 원

首 머리 수
부 首 획 9

丶 丷 丷 首 首

털이 나 있는 사람의 머리를 본뜬 글자이다.

首席(수석): 등급이나 직위의 맨 윗자리
國家元首(국가원수): 한 나라에서 으뜸가는 권력을 지니고 다스리는 사람
*席 자리 석 *國 나라 국 *家 집 가
*元 으뜸 원

선정한자 풀이

習 익힐 습
부 羽 획 11

✍ ㄱ ㅋ 羽 羽 習 習 習

羽(깃 우)와 白(흰 백)이 합쳐진 글자이다. 흰(白) 새가 날갯짓(羽)을 하는 것은 나는 것을 '익히기' 위해서란 뜻이다.

學習(학습) : 배워서 익힘
習得(습득) : 학문이나 기술 따위를 배워서 자기 것으로 함
*學 배울 학 *得 얻을 득

勝 이길 승
부 力 획 12

✍ 刀 月 月ˋ 朕 朕 勝

朕(나 짐)과 力(힘 력)이 합쳐진 글자이다. 나(朕) 스스로 참고 힘쓰면(力) 어떤 일이든 이길 수 있다는 뜻이다. 따라서 '이기다'는 뜻이 되었다.

勝利(승리) : 겨루어서 이김
必勝(필승) : 반드시 이김
*利 이로울 리 *必 반드시 필

詩 글 시
부 言 획 13

✍ 丶 言 言 詩 詩 詩

言(말씀 언)과 寺(관청, 운율 시)가 합쳐진 글자이다. 마음 속 있는 뜻을 말(言)이나 글로 운율(寺)에 맞게 표현한 글이니, 즉 '시'를 뜻한다.

詩人(시인) : 시를 전문적으로 짓는 사람
詩題(시제) : 옛날 科擧(과거)를 볼 때 써야 할 글의 주제
*人 사람 인 *題 제목 제

時 때 시 (준5급)
부 日 획 10

✍ 丨 日 日ˊ 旷 時 時

日(날, 해 일)과 土(之, 갈 지의 변형자)와 寸(법도 촌)이 합쳐진 글자이다. 해(日)가 규칙적(寸)으로 움직여서(之) 생기는 시간, 즉 '때'를 뜻한다.

時代(시대) : 역사적으로 어떤 표준에 의하여 구분한 일정한 기간
日時(일시) : 날짜와 시간을 아울러 이르는 말
*代 대신할 대 *日 날 일

선정한자 풀이

示 보일 시
부 示 획 5

一 二 于 亍 示

제물을 차려 놓은 제단의 모양을 본뜬 글자이다. 제물을 차려 놓고 신에게 '보인다'는 뜻이다.

指示(지시) : 1. 가리켜 보임
            2. 일러서 시킴
暗示(암시) : 뜻하는 바를 간접적으로 표현함
*指 가리킬 지 *暗 어두울 암

市 저자, 시장 시 (준5급)
부 巾 획 5

丶 一 广 方 市

冂(멀 경)과 之(갈 지)의 변형자가 합쳐진 글자이다. 물건을 사고팔기 위해 먼(冂) 곳으로 가는(之) 것을 나타냈다. 이때 목적지가 바로 '저자(시장)' 라는 뜻이다.

市場(시장) : 여러 가지 상품을 사고 파는 일정한 장소
都市(도시) : 일정한 지역의 정치·경제·문화의 중심이 되는 지역
*場 마당 장 *都 도읍 도

始 처음, 시작 시
부 女 획 8

く 女 女 奴 奴 始 始

女(여자 녀)와 台(나 이)가 합쳐진 글자다. 내(台)가 여자(女)에게 태어난 데서 이 세상 모든 일이 비롯되었다는 의미이다. 따라서 '처음'이라는 뜻이다.

始作(시작) : 어떤 일이나 행동의 처음 단계를 이룸, 또는 그 단계
始祖(시조) : 한 겨레나 가계의 맨 처음이 되는 조상
*作 지을 작 *祖 조상 조

食 밥 식, 먹이 사 (준5급)
부 食 획 9

丿 人 今 今 食 食 食

亼(모을 집)과 皀(밥고소할 흡)이 합쳐진 글자이다. 밥(皀)을 그릇에 담아모은(亼) 모양을 나타낸 것으로 '밥' 또는 '먹다'는 뜻이다.

食口(식구) : 한 집에서 함께 살면서 끼니를 같이하는 사람
食事(식사) : 끼니로 음식을 먹음, 또는 그 음식
*口 입 구 *事 일 사

선정한자 풀이

式 법식
부 弋 획 6

一 二 亍 式 式

工(장인 공)과 弋(주살, 화살 익)이 합쳐진 글자다. 장인(工)은 화살(弋)을 만들 때 자로 재어 법식에 맞게 만든다. 따라서 '법식'이라는 뜻이 되었다.

式場(식장) : 식을 거행하는 장소
法式(법식) : 法度(법도)와 樣式(양식)을 아울러 이르는 말
*場 마당 장 *法 법 법

植 심을식
준5급
부 木 획 12

一 十 才 才 才 才 植 植

木(나무 목)과 直(곧을 직)이 합쳐진 글자이다. 나무(木)나 식물을 곧게 세워(直) 심는다는 데서 '심다'는 뜻이 되었다.

植物(식물) : 생물계의 두 갈래 가운데 하나
植木日(식목일) : 나무를 많이 심고 아껴 가꾸도록 권장하기 위하여 국가에서 정한 날(4월 5일)
*物 물건 물 *木 나무 목 *日 날 일

神 귀신신
부 示 획 10

一 丁 亓 示 和 神 神

示(보일, 귀신 시)와 申(펼 신)이 합쳐진 글자이다. 만물을 펴내고(申) 복과 화를 내리는 '신'을 뜻한다.

神奇(신기) : 신비롭고 기이함
鬼神(귀신) : 사람이 죽은 뒤에 남는다는 넋
*奇 기이할 기 *鬼 귀신 귀

身 몸신
부 身 획 7

' ⺈ 冂 丬 自 身 身

아이 밴 여자의 볼록한 배 모양을 옆에서 본 뜬 글자이다. 원래는 '아이를 배다'는 뜻이었는데 나중에 '제 몸'이나 자기 스스로를 가리키는 '자신'이라는 뜻이 되었다.

身體(신체) : 사람의 몸
身分(신분) : 개인의 사회적인 위치나 계급
*體 몸 체 *分 나눌 분

선정한자 풀이

信 믿을 신
부 人 획 9

亻 亻 亻 信 信 信

亻(人, 사람 인)과 言(말씀 언)이 합쳐진 글자이다. 사람(亻)의 말(言)은 참되고 진실되어야 서로 믿을 수 있다는 데서 '믿다'는 뜻이 되었다.

信念(신념) : 굳게 믿는 마음
信義(신의) : 믿음과 의리
*念 생각할 념 *義 옳을 의

新 새로울 신
부 斤 획 13

亠 立 亲 新 新 新

立(설 립)과 木(나무 목)과 斤(도끼 근)이 어우러진 글자이다. 도끼(斤)로 나무(木)를 자른 자리에 새싹이 돋아나니(立) '새롭다'는 뜻이다.

新婦(신부) : 갓 결혼하였거나 결혼하는 여자
最新(최신) : 가장 새로움
*婦 며느리 부 *最 가장 최

失 잃을 실
부 大 획 5

丿 匚 失 失

手(손 수)와 乙(굽을 을)이 합쳐진 글자이다. 손(手)에서 물건이 곡선(乙)을 그리며 떨어지는 것을 나타냈다. 따라서 '잃다'는 뜻이다.

失望(실망) : 바라던 일이 뜻대로 되지 아니하여 마음이 몹시 상함
失手(실수) : 조심하지 아니하여 잘못함
*望 바랄 망 *手 손 수

室 집 실 [준5급]
부 宀 획 9

丶 宀 宀 宁 宔 室

宀(집 면)과 至(이를 지)가 합쳐진 글자이다. 목적지에 이르러(至) 머무르는 집(宀)을 나타낸 것으로 '방'이나 '집'을 뜻한다.

室內(실내) : 방이나 건물 따위의 안
敎室(교실) : 유치원, 초등학교, 중·고등학교에서 학습 활동이 이루어지는 방
*內 안 내 *敎 가르칠 교

선정한자 풀이

安 편안할 안 [준5급]
부 宀 획 6

丶 宀 宂 安 安

宀(집 면)과 女(여자 녀)가 합쳐진 글자이다. 집(宀) 안에 여자(女)가 있어야 '편안하다'는 뜻이다.

安全(안전) : 위험이 생기거나 사고가 날 염려가 없음
安心(안심) : 모든 걱정을 떨쳐 버리고 마음을 편히 가짐
*全 온전할 전 *心 마음 심

愛 사랑 애
부 心 획 13

´ ˆ ᅭ 怒 夢 愛

受(받을 수)와 心(마음 심)이 어우러진 글자이다. 마음(心)을 서로 주고받는(受) 것이 '사랑'이라는 뜻이다.

愛讀(애독) : 즐겨 재미있게 읽음
愛好(애호) : 사랑하고 좋아함
*讀 읽을 독 *好 좋을 호

野 들 야
부 里 획 11

丨 口 日 里 野 野

里(마을 리)와 予(취할 여)가 합쳐진 글자이다. 마을(里)의 논밭에서 농사를 지어 곡식을 취하는(予) '들판'을 뜻한다.

野外(야외) : 시가지에서 조금 멀리 떨어져 있는 들판
野菜(야채) : 들에서 자라나는 나물
*外 바깥 외 *菜 나물 채

夜 밤 야
부 夕 획 8

一 亠 亣 夜 夜 夜

亠(亦, 또 역의 변형자)과 夂(夕, 저녁 석의 변형자)이 합쳐진 글자이다. 해가 지면 또(亦) 저녁(夕)이 오는데 이때부터 모든 생명체가 잠을 잔다는 데서 '밤'이란 뜻이 되었다.

晝夜(주야) : 밤낮
夜學(야학) : 1. 밤에 공부함
2. 야간 학교
*晝 낮 주 *學 배울 학

선정한자 풀이

藥 | 약 약
부 艹 획 19

艹 艹 苩 茁 藥 藥

艹(艸, 풀 초)와 樂(즐거울 락)이 합쳐진 글자이다. 풀(艹)이나 나무를 이용해 병을 낫게 하고 사람을 즐겁게(樂) 만들어주는 것이 바로 '약'이란 뜻이다.

藥局(약국) : 약사가 약을 조제하거나 파는 곳
藥房甘草(약방감초) : 어느 일이나 사건에 끼어 들어 앞장 서서 해결사 노릇을 하며 잘난 체 하는 사람

*局 판 국 *甘 달 감 *草 풀 초

弱 | 약할 약
부 弓 획 10

フ 弓 弓 弱 弱 弱

새끼 새가 두 날개를 나란히 펼친 모양을 본뜬 글자이다. 어린 새의 날개는 '약하다'는 뜻이다.

强弱(강약) : 강하고 약함
弱骨(약골) : 몸이 약한 사람

*强 강할 강 *骨 뼈 골

陽 | 볕 양
부 阜 획 12

ㄱ 阝 阝' 阝日 阝日 陽 陽

阝(阜, 언덕 부)와 昜(볕 양)이 합쳐진 글자이다. 햇빛(昜)이 언덕(阝) 위에 밝게 비친다는 데서 '볕'이라는 뜻이 되었다.

陰陽(음양) : 1. 남녀의 性(성)에 관한 이치
              2. 여러 방면
陽地(양지) : 볕이 바로 드는 곳

*陰 그늘 음 *地 땅 지

羊 | 양 양   준5급
부 羊 획 6

ヽ ㅛ ㅛ 半 羊

양의 모양을 본뜬 글자이다. 맨 윗부분은 양의 뿔이고, 아래는 양의 머리와 몸을 나타냈다.

羊毛(양모) : 양의 털
山羊(산양) : 1. 염소
              2. 영양

*毛 털 모 *山 메 산

선정한자 풀이

洋 큰바다 양
부 水 획 9

`丶 氵 氵' 氵" 洋 洋`

氵(水, 물 수)와 羊(양 양)이 합쳐진 글자이다. 한 무리의 양떼(羊)가 움직이듯 물결(氵)이 크게 이는 '큰 바다'를 뜻한다.

海洋(해양) : 넓고 큰 바다
大西洋(대서양) : 유럽·아프리카 대륙과 남·북아메리카 대륙을 분리하는 大洋(대양)
*海 바다 해 *大 큰 대 *西 서녘 서

語 말씀 어
준5급
부 言 획 14

`丶 言 言 語 語`

言(말씀 언)과 吾(나 오)가 합쳐진 글자이다. 나(吾)의 의견을 말(言)로 표현한다는 데서 '말씀'이라는 뜻이 되었다.

語原(어원) : 1. 어떤 단어의 근원적인 형태
            2. 어떤 말이 생겨난 근원
主語(주어) : 주요 문장 성분의 하나로, 술어가 나타내는 동작이나 상태의 주체가 되는 말
*原 근원 원 *主 주인 주

魚 물고기 어
부 魚 획 11

`丿 ク 夕 匁 缶 魚`

물고기의 모양을 본뜬 글자이다. 맨 윗부분은 머리, 가운데는 몸통, 아래는 꼬리를 나타낸 것이다.

漁夫(어부) : 물고기 잡는 일을 업으로 하는 사람 〈유의어〉 漁民(어민)
水魚之交(수어지교) : 아주 친밀하여 떨어질 수 없는 사이
*夫 지아비 부 *水 물 수 *之 갈 지
*交 사귈 교

言 말씀 언
부 言 획 7

`丶 一 亠 二 言 言`

辛(찌를 건)과 口(입 구)가 합쳐진 글자이다. 마치 창으로 찌르듯(辛) 자신이 생각한 바를 입(口)으로 곧장 '말한다'는 뜻이다.

言語(언어) : 생각, 느낌 따위를 나타내거나 전달하는 데에 쓰는 음성, 문자 따위의 수단
言文(언문) : 말과 글 〈유의어〉 語文(어문)
*語 말씀 어 *文 글월 문

선정한자 풀이

業 일 업
부 木 획 13

丨 丷 ⺍ 䒑 丵 業 業

악기를 거는 장치를 본뜬 글자이다. 악기를 배우려면 이 장치를 거는 일부터 해야 한다는 데서 '일'이라는 뜻이 되었다.

農業(농업) : 땅을 이용하여 유용한 식물을 가꾸거나 동물을 기르는 산업
産業(산업) : 인간의 생활을 풍요롭게 하기 위하여 재화나 서비스를 창출하는 생산적 기업이나 조직

*農 농사 농 *産 낳을 산

永 길 영
부 水 획 5

丶 ㇇ 氵 永 永

물이 여러 갈래로 흐르는 모양을 본뜬 글자이다. 여러 갈래의 물줄기가 합쳐져 멀리 흘러간다는 데서 '길다'는 뜻이 되었다.

永久(영구) : 어떤 상태가 시간상으로 무한히 이어짐
永遠(영원) : 어떤 상태가 끝없이 이어짐

*久 오랠 구 *遠 멀 원

英 꽃부리 영
부 艹 획 9

艹 艹 苎 苁 英 英

艹(艸, 풀 초)와 央(가운데 앙)이 합쳐진 글자이다. 풀(艹) 중에서도 가장 가운데(央) 아름답게 피어 있는 '꽃부리'를 뜻한다.

英雄(영웅) : 지혜와 재능이 뛰어나고 용맹하여 보통 사람이 하기 어려운 일을 해내는 사람
英才(영재) : 뛰어난 재주, 또는 그런 사람

*雄 수컷 웅 *才 재주 재

午 낮 오   준5급
부 十 획 4

丿 ㇒ 午

두 사람이 방아를 찧기 위해 절굿공이를 들어 올린 모습을 본뜬 글자이다. 옛날에는 절굿공이를 세워 그 그림자로 점심 때를 알았다. 따라서 '한낮'을 뜻하게 되었다.

午前(오전) : 해가 뜰 때부터 정오까지의 시간
　　　　　〈상대어〉午後(오후)
端午(단오) : 우리나라 명절의 하나(음력 5월 5일)

*前 앞 전 *端 바를 단

선정한자 풀이

玉 구슬 옥 〔준5급〕
부 玉 획 5

一 二 干 王 玉

'구슬' 3개(三)를 끈으로 꿴(丨) 모양을 본뜬 글자이다. 후에 王(임금 왕)과 구별하기 위해 丶(점 주)를 덧붙이게 되었다.

玉色(옥색) : 옥의 빛깔과 같이 엷은 푸른색
玉石(옥석) : 옥돌
*色 빛 색 *石 돌 석

勇 날쌜, 용기 용
부 力 획 9

フ マ ア 丙 甬 勇

甬(물솟을 용)과 力(힘 력)이 합쳐진 글자이다. 물이 솟아오르듯(甬) 힘(力)을 낸다는 의미에서 '용기'라는 뜻이 되었다.

勇氣(용기) : 씩씩하고 굳센 기운
勇猛(용맹) : 용감하고 사나움
*氣 기운 기 *猛 사나울 맹

用 쓸 용
부 用 획 5

丿 冂 月 月 用

卜(점 복)과 中(가운데 중)이 합쳐진 글자이다. 옛날에는 점(卜)괘가 나오면 그것을 생활하는 중간(中)에 그대로 시행했다. 따라서 '쓰다'는 뜻이 되었다.

信用(신용) : 사람이나 사물이 틀림없다고 믿어 의심하지 아니함
活用(활용) : 충분히 잘 이용함
*信 믿을 신 *活 살 활

友 벗 우
부 又 획 4

一 ナ 方 友

ナ(左, 왼 좌의 본래자)와 又(오른손 우)가 합쳐진 글자이다. 왼손(左)과 오른손(又)을 잡을 정도로 친한 '벗'을 뜻한다.

友情(우정) : 친구 사이의 정
竹馬故友(죽마고우) : 대말을 타고 놀던 벗이라는 뜻으로, 어릴 때부터 같이 놀며 자란 벗
*情 뜻 정 *竹 대 죽 *馬 말 마 *故 예 고

선정한자 풀이

牛 소 우 〔준5급〕
부 牛 획 4

丿 𠂉 ⺧ 牛

소의 머리 모양을 본뜬 글자이다.

牛乳(우유) : 소의 젖
牛角(우각) : 소의 뿔
*乳 젖 유 *角 뿔 각

右 오른 우 〔준5급〕
부 口 획 5

一 ナ オ 右 右

又(오른손 우)와 口(입 구)가 어우러져 변형된 글자이다. '오른쪽'을 뜻한다.

左右(좌우) : 왼쪽과 오른쪽
右側(우측) : 오른쪽
*左 왼 좌 *側 곁 측

運 움직일, 옮길 운
부 辶 획 13

丿 冖 冖 呂 軍 運

軍(군사 군)과 辶(辵, 쉬엄쉬엄갈 착)이 어우러진 글자이다. 병사(軍)들이 전차를 몰고 간다는(辶) 데서 '운전하다' 또는 '움직이다'는 뜻이 되었다.

運動(운동) : 사람이 몸을 단련하거나 건강을 위하여 몸을 움직이는 일
運行(운행) : 정하여진 길을 따라 차량 따위를 운전하여 다님
*動 움직일 동 *行 갈 행

遠 멀 원
부 辶 획 14

一 十 土 吉 袁 遠

袁(옷이 길 원)과 辶(辵, 쉬엄쉬엄갈 착)이 합쳐진 글자이다. 갈(辶) 길이 마치 옷자락처럼 길다(袁)는 데서 '멀다'는 뜻이 되었다.

遠近(원근) : 멀고 가까움
遠視(원시) : 멀리 바라봄
*近 가까울 근 *視 볼 시

선정한자 풀이

原 들, 언덕, 근본 원
부 厂 획 10

一 厂 厂 厉 原 原

厂(언덕 엄)과 泉(샘 천)이 합쳐진 글자이다. 언덕(厂) 밑에서 솟아 나오는 샘이 물줄기의 근원이라는 데서 '언덕' 또는 '근본'이라는 뜻이다. '들'이라는 뜻도 있다.

原因(원인) : 어떤 사물이나 상태를 변화시키거나 일으키게 하는 근본이 된 일이나 사건
草原(초원) : 풀이 나 있는 들판

*因 인할 인 *草 풀 초

元 으뜸 원
부 人 획 4

一 二 亍 元

上(위 상)의 옛 글자인 二(두 이)와 儿(사람 인)이 합쳐진 글자이다. 사람(儿) 몸의 가장 위(上)에 있는 머리처럼 누군가 또는 무언가의 우두머리, 즉 '으뜸'이라는 뜻이다.

元年(원년) : 1. 임금이 즉위한 해
2. 나라를 세운 해
元祖(원조) : 1. 첫 대의 조상
2. 어떤 일을 처음으로 시작한 사람

*年 해 년 *祖 조상 조

位 자리 위 〔준5급〕
부 人 획 7

丿 亻 亻 亻 位 位 位

亻(人, 사람 인)과 立(설 립)이 합쳐진 글자이다. 옛날 조정에서는 지위에 따라 서 있는(立) 자리가 정해져 있었다. 따라서 임금 앞에 줄 서던 '자리'를 뜻한다.

位置(위치) : 일정한 곳에 자리를 차지함, 또는 그 자리
地位(지위) : 개인의 사회적 신분에 따르는 위치나 자리

*置 둘 치 *地 땅 지

油 기름 유
부 水 획 8

丶 丶 氵 氵 汩 汩 油 油

氵(水, 물 수)와 由(말미암을 유)가 합쳐진 글자이다. 액체(氵)로 말미암아(由) 불이 타오르는 것이니 '기름'을 뜻한다.

石油(석유) : 땅속에서 천연으로 나는, 탄화수소를 주성분으로 하는 가연성 기름
輕油(경유) : 콜타르를 증류할 때, 맨 처음 얻는 가장 가벼운 기름

*石 돌 석 *輕 가벼울 경

선정한자 풀이

有 있을 유 *준5급*
부 肉 획 6

亻 ナ 才 有 有 有

又(손 우)의 변형자와 月(肉, 고기 육)이 합쳐진 글자이다. 손(又)에 고기(月)를 들고 있는 사람을 나타낸 것으로 '있다'는 뜻이다.

所有(소유) : 가지고 있음, 또는 그 물건
有利(유리) : 이익이 있음
*所 바 소 *利 이로울 리

肉 고기 육
부 肉 획 6

丨 冂 内 内 肉

고깃덩어리의 힘살이나 그 단면의 모양을 본뜬 글자이다.

肉眼(육안) : 맨눈
肉體(육체) : 사람의 몸
*眼 눈 안 *體 몸 체

育 기를 육 *준5급*
부 肉 획 8

丶 亠 云 产 育 育

云(아이 돌아나올 돌)과 月(肉, 고기 육)이 합쳐진 글자이다. 거꾸로 태어난 아이(云)를 살(肉)이 붙도록 키우는 것이니 '기르다'는 뜻이다.

育成(육성) : 길러 자라게 함
敎育(교육) : 지식과 기술 따위를 가르치며 인격을 길러 줌
*成 이룰 성 *敎 가르칠 교

銀 은 은
부 金 획 14

丿 ㄥ 金 鈩 鈤 銀

金(쇠 금)과 艮(한정할 간)이 합쳐진 글자이다. 그 양이 한정되어(艮) 있는 금속(金)인 '은'을 뜻한다.

銀河水(은하수) : 별자리인 '은하'를 江(강)에 비유해 이르는 말
銀行(은행) : 예금을 받아 그 돈으로 하여 대출, 어음 거래, 증권의 인수 따위를 업무로 하는 금융기관
*河 물 하 *水 물 수 *行 갈 행

선정한자 풀이

飮 마실 음
부 食 획 13

亻 亽 亼 佥 㱃 飮

食(먹을 식)과 欠(하품 흠)이 합쳐진 글자이다. 하품(欠)할 때처럼 입을 벌리고 음료를 먹으니(食) '마시다'는 뜻이다.

飮食(음식) : 사람이 먹을 수 있도록 만든, 밥이나 국 따위의 물건
飮酒(음주) : 술을 마심
*食 밥 식 *酒 술 주

音 소리 음
부 音 획 9

丶 亠 立 产 音 音

立(설 립)과 口(입, 사람 구)가 합쳐진 글자이다. 해가 뜨면 사람(口)들이 일어나서(立) 활동을 하므로, 갖가지 '소리'가 난다는 뜻이다.

音律(음율) : 생각이나 느낌 따위를 언어나 음율, 형상 따위로 나타낸 것
音樂(음악) : 가락, 음성, 악기로 사상이나 감정을 나타내는 예술
*律 법 률 *樂 풍류 악

邑 고을 읍 (준5급)
부 邑 획 7

丶 口 口 足 吊 吊 邑

口(에워쌀 위)와 巴(卩, 병부 절의 변형자)이 합쳐진 글자이다. 일정하게 둘러싸인(口) 장소 안에 사람들(巴)이 모여사는 곳이니, 즉 '고을'을 뜻한다.

邑內(읍내) : 읍의 구역 안
邑長(읍장) : 지방 행정 구역인 읍의 우두머리
*內 안 내 *長 긴 장

意 뜻 의
부 心 획 13

丶 亠 产 音 意 意

音(소리 음)과 心(마음 심)이 합쳐진 글자이다. 말소리(音)로 나타내고자 하는 마음(心) 속의 생각이니 '뜻' 또는 '의지'를 뜻한다.

意味(의미) : 말이나 글 또는 행위나 현상이 지닌 뜻
意志(의지) : 어떠한 일을 이루고자 하는 마음
*味 맛 미 *志 뜻 지

선정한자 풀이

衣 옷의 〔준5급〕
부 衣 획 6

丶 一 ナ 亣 衣 衣

사람이 저고리를 입고 있는 모양을 본뜬 글자이다. 따라서 '옷'을 뜻한다.

衣服(의복) : 옷
衣裳(의상) : 겉에 입는 옷
*服 옷 복 *裳 치마 상

耳 귀이 〔준5급〕
부 耳 획 6

一 丅 厂 厈 耳 耳

귀의 모양을 본뜬 글자이다.

耳順(이순) : 60살을 이르는 말
中耳炎(중이염) : 병원균 때문에 생기는 귀의 염증
*順 순할 순 *中 가운데 중 *炎 불꽃 염

字 글자 자 〔준5급〕
부 子 획 6

丶 宀 宀 宁 字 字

宀(집 면)과 子(아들 자)가 합쳐진 글자이다. 집(宀) 안에 자식(子)이 태어나면 식구가 늘듯이, 글자 역시 부수자를 바탕으로 해서 그 숫자가 늘어간다. 따라서 '글자'라는 뜻이다.

文字(문자) : 인간의 의사소통을 위한 시각적인 기호 체계
千字文(천자문) : 250구의 시구를 이용해 한자 1,000자를 학습하도록 만든 한자 입문서
*文 글월 문 *千 일천 천

者 놈, 사람 자 〔준5급〕
부 耂 획 9

一 十 土 耂 者 者

耂(늙을 로)와 白(말할, 흰 백)이 합쳐진 글자이다. 노인(耂)이 말할(白) 때 이 '놈' 저 '놈' 한다는 데서 '놈' 또는 '사람'이라는 뜻이다.

勝者(승자) : 싸움이나 경기 따위에서 이긴 사람
讀者(독자) : 책, 신문, 잡지 따위의 글을 읽는 사람
*勝 이길 승 *讀 읽을 독

선정한자 풀이

昨 어제 작
부 日 획 9

丨 日 旷 昨 昨

日(날, 해 일)과 乍(잠깐 사)가 합쳐진 글자이다. 하루 해(日)가 잠깐(乍) 사이에 지나가버린 시간, 즉 '어제'를 뜻한다.

昨今(작금) : 요즈음
昨年(작년) : 지난해
*今 이제 금 *年 해 년

作 지을 작
부 人 획 7

丿 亻 亻 仁 乍 作 作

亻(人, 사람 인)과 乍(잠깐 사)가 합쳐진 글자이다. 사람(亻)이 잠시도(乍) 쉬지 않고 물건을 만드는 것을 나타냈다. 따라서 '짓는다'는 뜻이다.

作家(작가) : 문학 작품, 사진, 그림, 조각 따위의 예술품을 창작하는 사람
作文(작문) : 글을 지음, 또는 지은 글
*家 집 가 *文 글월 문

章 글 장
부 立 획 10

丶 二 立 产 音 音 章

音(소리 음)과 十(열 십)이 합쳐진 글자이다. 十에서 1단위가 끝나듯, 문장이 일단락 지어지는 글의 단위, 즉 '장'을 뜻한다.

文章(문장) : 생각이나 감정을 말로 표현할 때 완결된 내용을 나타내는 최소의 단위
文句(문구) : 글의 구절
*章 글 장 *句 글귀 구

長 긴 장
준5급
부 長 획 8

一 丆 F 王 乕 長

머리와 수염이 긴 노인이 지팡이를 짚은 모양을 본뜬 글자이다. 따라서 '길다'는 뜻이다.

長男(장남) : 맏아들
身長(신장) : 키
*男 사내 남 *身 몸 신

선정한자 풀이

場 마당 장 준5급
부 土 획 12

一 土 坰 坰 坍 場 場

土(흙 토)와 昜(빛날 양)이 합쳐진 글자이다. 햇볕(昜)이 잘 드는 넓은 땅(土), 즉 '마당'을 뜻한다.

場面(장면) : 어떤 장소에서 겉으로 드러난 면이나 벌어진 광경
場所(장소) : 어떤 일이 이루어지거나 일어나는 곳
*面 낯 면 *所 바 소

在 있을 재
부 土 획 6

一 ナ 才 才 存 在

才(재주, 근본 재)와 土(흙 토)가 합쳐진 글자이다. 만물의 근본(才)은 땅(土)에 있다는 데서 '있다'는 뜻이다.

存在(존재) : 현실에 실제로 있음, 또는 그런 대상
現在(현재) : 지금의 시간
*存 있을 존 *現 나타날 현

才 재주 재
부 才 획 3

一 十 才

새싹이 땅 위로 돋아나는 모양을 본뜬 글자이다. 새싹이 자라나듯 사람의 재주도 자랄수록 커진다는 데서 '재주'라는 뜻이다.

才能(재능) : 재주와 능력
才致(재치) : 눈치 빠른 재주, 또는 능란한 솜씨나 말씨
*能 능할 능 *致 이를 치

田 밭 전
부 田 획 5

丨 冂 冂 田 田

가로세로로 구획 지어진 밭을 위에서 내려다 보고 이 모양을 본뜬 글자이다.

田畓(전답) : 논밭
田園(전원) : 소속된 인원의 전체
*畓 논 답 *園 동산 원

선정한자 풀이

電 번개 전 〔준5급〕
부 雨 획 13

一 丁 币 雷 雷 電

雨(비 우)와 电(申, 펼 신의 변형자)이 합쳐진 글자이다. 비(雨)가 올 때 번쩍 빛을 펼치는(申) 것이 '번개' 라는 뜻이다.

電氣(전기) : 물질 안에 있는 전자 또는 이온들의 움직임 때문에 생기는 에너지의 한 형태
發電(발전) : 더 낫고 좋은 상태나 더 높은 단계로 나아감
*氣 기운 기 *發 필 발

前 앞 전 〔준5급〕
부 刀 획 9

丶 丷 亠 竹 肯 前 前

亠(止, 그칠 지의 변형자)와 月(舟, 배 주의 변형자)와 刂(刀, 칼 도)가 합쳐진 글자이다. 움직임이 그쳐(止)있던 배(舟)의 줄을 칼(刀)로 끊고 나아가다는 데서 '앞' 이라는 뜻이다.

前後(전후) : 앞뒤
午前(오전) : 해가 뜰 때부터 정오까지의 시간
*後 뒤 후 *午 낮 오

全 온전할, 전체 전 〔준5급〕
부 入 획 6

丿 入 个 仐 수 全

入(들 입)과 玉(구슬 옥)이 합쳐진 글자이다. 구슬(玉)은 흠 없이 온전한 것만 보석상에 들일(入) 수 있다. 따라서 '온전하다' 는 뜻이다. 나중에 丶가 빠져 지금 같은 모양이 되었다.

全國(전국) : 온 나라
全部(전부) : 어떤 대상을 이루는 낱낱을 모두 합친 것
*國 나라 국 *部 거느릴 부

題 제목 제
부 頁 획 18

丨 日 是 是 題 題

是(바를 시)와 頁(머리 혈)이 합쳐진 글자이다. 머리(頁)의 이마 모양이 바르면(是) 눈에 잘 띈다. 한편 책에서 가장 눈에 띄는 부분은 '제목' 이란 뜻이다.

題目(제목) : 작품이나 강연, 보고 등의 앞에 붙이는 이름
問題(문제) : 해답을 요구하는 물음
*目 눈 목 *問 물을 문

선정한자 풀이

第 차례 제
부 竹 획 11

필순: ノ ㅗ ⺮ ⺮⺮ 笃 第

竹(대 죽)과 Y자형 창에 끈을 순서대로 묶은 모양인 弟가 합쳐진 글자이다. 대쪽(竹)에 글을 써서 순서(弟)대로 엮는 것이니 '차례'를 뜻한다.

及第(급제) : 시험이나 검사 따위에 합격함
第一(제일) : 여럿 가운데서 첫째가는 것
*及 미칠 급 *一 한 일

朝 아침 조
부 月 획 12

필순: 一 十 古 卓 朝 朝

倝(幹, 해돋을 간의 획줄자)과 月(달 월)이 합쳐진 글자이다. 해(倝)가 떠오르는 데 아직 달(月)이 떠있는 이른 '아침'을 뜻한다.

朝會(조회) : 학교나 관청 따위에서 아침에 모든 구성원이 한 자리에 모이는 일
朝鮮(조선) : 1392년 이성계가 고려를 무너뜨리고 세운 나라
*會 모일 회 *鮮 고울 선

祖 할아비 조 [준5급]
부 示 획 10

필순: 一 亅 亍 示 礻 礻 祖

示(보일, 귀신 시)와 且(쌓일 저)가 합쳐진 글자이다. 귀신(示)을 모시는 위패가 사당에 차례차례 쌓인(且) 것이다. 따라서 '할아버지' 또는 '조상'을 뜻한다.

祖上(조상) : 돌아간 어버이 위로 대대의 어른
先祖(선조) : 먼 윗대의 조상
*上 위 상 *先 먼저 선

族 겨레 족
부 方 획 11

필순: 亠 ᅩ 方 方 斿 族

放(깃발 언)과 矢(화살 시)가 합쳐진 글자이다. 깃발(放) 아래에 같은 핏줄의 무리가 화살(矢)을 가지고 모인다는 데서 '겨레'를 뜻한다.

民族(민족) : 일정한 지역에서 오랜 세월 동안 공동생활을 하면서 언어와 문화상의 공통성에 기초하여 역사적으로 형성된 사회 집단
大家族(대가족) : 식구 수가 많은 가족
*民 백성 민 *大 큰 대 *家 집 가

선정한자 풀이

左 왼 좌 (준5급)
부 工 획 5

一ナ七左左

ナ(왼쪽 좌)와 工(장인 공)이 합쳐진 글자이다. 장인(工)이 나무를 자를 때 왼(ナ)손으로 나무를 잡는다는 데서 '왼쪽'을 뜻하게 되었다.

左右(좌우) : 오른쪽과 왼쪽
左心室(좌심실) : 심장 안의 왼쪽 아랫부분
*右 오른 우 *心 마음 심 *室 집 실

晝 낮 주
부 日 획 11

フヨ聿書書晝

畫(그을 획)의 획줄인 자와 日(날, 해 일)이 합쳐진 글자이다. 해와 달의 움직임을 선으로 나타냈을 때, 해(日)가 움직이는 선을 그을(畫) 수 있는 시간인 '낮'을 뜻한다.

晝間(주간) : 먼동이 터서 해가 지기 전까지
晝耕夜讀(주경야독) : 어려운 여건 속에서도 꿋꿋이 공부함
*間 사이 간 *耕 밭갈 경 *夜 밤 야
*讀 읽을 독

住 살 주 (준5급)
부 人 획 7

亻亻亻亻住住

亻(人, 사람 인)과 主(주인 주)가 합쳐진 글자이다. 어떤 사람(亻)이 한 곳에 주로(主) 머물러 사는 것을 나타냈다. 따라서 '살다'는 뜻이다.

住民(주민) : 일정한 지역에 살고 있는 사람
安住(안주) : 한 곳에 자리를 잡고 편안히 삶
*民 백성 민 *安 편안할 안

竹 대 죽
부 竹 획 6

ノ⺊ᅩᆘ⺊ᅩᆘ竹

대나무의 줄기와 잎 모양을 본뜬 글자이다. 위는 대나무의 잎, 아래는 대나무의 줄기를 나타내었다.

竹筍(죽순) : 대나무의 어린싹
梅蘭菊竹(매란국죽) : 매화·난초·국화·대나무, 즉 四君子(사군자)를 말함

*筍 죽순 순 *梅 매화나무 매 *蘭 난초 란
*菊 국화 국

선정한자 풀이

重 무거울 중
부 里   획 9

一 二 千 千 舌 重 重

사람이 등에 짐을 지고 있는 모습을 본뜬 글자이다. 따라서 '무겁다'는 뜻이다.

重要(중요) : 귀중하고 요긴함
尊重(존중) : 높여 귀중하게 대함
*要 요긴할 요 *尊 높을 존

地 땅 지 (준5급)
부 土   획 6

一 十 土 土' 圠 地

土(흙 토)와 止(그칠 지)가 합쳐진 글자이다. 사람들이 걸음을 그치고(止) 흙(土) 위에 건물을 짓는다는 의미이다. 따라서 '터' 또는 '땅'을 뜻한다.

地理(지리) : 1. 어떤 곳의 지형이나 길 따위의 형편
2. 지구 상의 기후, 생물, 자연 등의 상태
農地(농지) : 농사짓는 데 쓰는 땅
*理 다스릴 리 *農 농사 농

直 곧을 직
부 目   획 8

一 十 十 古 古 首 直

十(열 십)과 目(눈 목), ㄴ(숨을 은)이 합쳐진 글자이다. 많은(十) 눈(目)으로 감시하면 숨길(ㄴ) 수 없으므로 잘못이 있을 수 없다. 따라서 '바르다' 또는 '곧다'는 뜻이다.

直接(직접) : 중간에 아무것도 개재시키지 아니하고 바로
直進(직진) : 곧게 나아감
*接 이을 접 *進 나아갈 진

窓 창문 창
부 穴   획 11

丶 宀 灾 窊 窓 窓

穴(구멍 혈)과 悤(밝을 총)이 합쳐진 글자이다. 벽에 구멍(穴)을 내어 밝은(悤) 빛을 받아들이게 만든 '창문'을 뜻한다.

窓門(창문) : 밖을 내다볼 수 있도록 벽이나 지붕에 낸 작은 문
同窓(동창) : 한 학교에서 공부를 한 사이
*門 문 문 *同 한가지 동

선정한자 풀이

淸 맑을 청
부 水 획 11

` ㆍ氵氵氵汁淸淸 `

氵(水, 물 수)와 靑(푸를 청)이 합쳐진 글자이다. 물(氵)이 푸르니(靑) '맑다' 또는 '깨끗하다'는 뜻이다.

淸潔(청결) : 맑고 깨끗함
淸淨(청정) : 맑고 깨끗함
*潔 깨끗할 결 *淨 깨끗할 정

體 몸 체
부 骨 획 23

` 冂 罒 骨 骨 體 體 `

骨(뼈 골)과 豊(풍성할 풍)이 합쳐진 글자이다. 뼈(骨)와 풍성한(豊) 살로 이루어진 것이 '몸'이라는 뜻이다.

體力(체력) : 활동을 할 수 있는 몸의 힘, 또는 질병 등에 대한 몸의 저항능력
體重(체중) : 몸무게
*力 힘 력 *重 무거울 중

草 풀 초 [준5급]
부 艹 획 10

` 艹 艹 艹 草 草 `

艹(艸, 풀 초)와 早(이를 조)가 합쳐진 글자이다. 이른(早) 봄에 돋아 나오는 '풀'을 뜻한다.

草家(초가) : 짚이나 갈대 따위로 지붕을 인 집
藥草(약초) : 약으로 쓰는 풀
*家 집 가 *藥 약 약

村 마을 촌
부 木 획 7

` 一 十 木 木 村 村 `

木(나무 목)과 寸(법도 촌)이 합쳐진 글자이다. 나무(木) 밑에서 자기들끼리의 법도(寸)를 만들어 함께 살아가는 곳이니, 즉 '마을'을 뜻한다.

村落(촌락) : 시골의 작은 마을
農村(농촌) : 주민의 대부분이 농업에 종사하는 마을이나 지역
*落 떨어질 락 *農 농사 농

선정한자 풀이

秋 가을 추
부 禾 획 9

` ㅜ 千 禾 禾 秋 秋

禾(벼 화)와 火(불 화)가 합쳐진 글자이다. 불(火)처럼 빛나는 태양빛을 받고 자란 벼(禾)를 거두는 계절인 '가을'을 뜻한다.

秋分(추분) : 해가 추분점에 이르러 밤과 낮의 길이가 같아지는 이십사절기의 하나
秋夕(추석) : 음력 팔월 보름날
*分 나눌 분 *夕 저녁 석

春 봄 춘
부 日 획 9

一 三 丰 夫 春 春

艹(艸, 풀 초)와 屯(둔칠 둔 *싹이 나는 모양)과 日(해, 날 일)이 합쳐진 글자이다. 풀(艹)이 햇볕(日)을 받아 싹(屯)을 돋우는 계절인 '봄'을 뜻한다.

春分(춘분) : 태양이 춘분점에 이르러 밤과 낮의 길이가 거의 같아지는 이십사절기의 하나
春夏秋冬(춘하추동) : 봄, 여름, 가을, 겨울
*分 나눌 분 *夏 여름 하 *冬 겨울 동
*秋 가을 추

親 친할 친
부 見 획 16

` ㅗ 후 亲 新 朝 親

立(설 립)과 木(나무 목)과 見(볼 견)이 합쳐진 글자이다. 나무(木)판자 위에 올라서서(立) 자식이 오는지 바라보며(見) 기다리는 어버이를 나타낸 것으로 '친하다'는 뜻이다.

親近(친근) : 사귀어 지내는 사이가 아주 가까움
兩親(양친) : 父親(부친)과 母親(모친)을 아울러 이르는 말
*近 가까울 근 *兩 두 량

太 클 태
부 大 획 4

一 ナ 大 太

大(클 대)와 丶(점 주)가 합쳐진 글자이다. 큰(大) 것에 점(丶)을 더했으니 아주 '크다'는 뜻이다.

太古(태고) : 아득한 옛날
太平洋(태평양) : 五大洋(오대양)의 하나
*古 옛 고 *平 평평할 평 *洋 큰바다 양

선정한자 풀이

通 통할 통
부 辶 획 11

` ⁻ ⁻ ⁻ ⁻ 甬 通 `

辶(辵, 쉬엄쉬엄갈 착)과 甬(골목길 용)이 합쳐진 글자이다. 골목길(甬)은 모두 큰 길로 갈(辶) 수 있도록 통해있다. 따라서 '통하다'는 뜻이다.

通路(통로) : 통하여 다니는 길
交通(교통) : 탈것을 이용하여 사람이 오고 가는 일이나, 짐을 실어 나르는 일
*路 길 로 *交 사귈 교

貝 조개 패
부 貝 획 7

` 丨 冂 冂 冃 目 貝 `

조개의 모양을 본뜬 글자이다. 옛날에는 돈 대신 조개껍질을 이용했기 때문에 '재물'이나 '돈'이란 뜻으로 쓰인다.

魚貝類(어패류) : 魚類(어류)와 조개류를 아울러 이르는 말
貝物(패물) : 몸치장을 위해 귀금속 따위로 만든 장식물
*魚 고기 어 *類 무리 류 *物 물건 물

便 편할 편, 똥오줌 변
부 人 획 9

` 亻 亻 亻 仨 佢 便 便 `

亻(人, 사람 인)과 更(고칠 경)이 합쳐진 글자이다. 사람(亻)이 물건을 고치니(更) '편리하다'는 뜻이다. 한편 '똥오줌'이란 뜻으로도 쓰이는데 이때는 '변'이라고 읽는다.

便利(편리) : 편하고 이로우며 이용하기 쉬움
小便(소변) : 오줌
*利 이로울 리 *小 작을 소

平 평평할 평   준5급
부 干 획 5

` ⁻ ⁻ ⁻ ⁻ 平 `

물 위에 뜬 부평초(풀의 일종)의 모양을 본뜬 글자이다. 부평초가 떠 있을 정도로 수면이 '평평하다'는 뜻이다.

平等(평등) : 권리, 의무, 자격 등이 차별 없이 고르고 한결같음
不平(불평) : 마음에 들지 아니하여 못마땅하게 여김
*等 무리 등 *不 아닐 불

선정한자 풀이

表 겉 표
부 衣　획 8

一 丰 丰 麦 表

毛(털 모)와 衣(옷 의)가 합쳐진 글자이다. 털(毛)로 옷(衣)을 만들 때는 털이 바깥쪽으로 나오도록 만든다(모피를 생각해보라). 따라서 '겉'을 뜻한다.

表面(표면) : 사물의 가장 바깥쪽
表現(표현) : 생각이나 느낌 따위를 언어나 몸짓 따위의 형상으로 드러내어 나타냄

*面 낯 면　*現 나타날 현

品 물건 품
부 口　획 9

丨 口 口 므 品 品

口(입 구) 3개가 어우러진 글자이다. 많은 사람들이 입(口)으로 말하는 품계(등급)란 뜻이었다가, 나중에 '물건'을 뜻하게 되었다.

品目(품목) : 1. 물품의 이름을 쓴 목록
　　　　　　 2. 물품 종류의 이름
商品(상품) : 사고파는 물품

*目 눈 목　*商 장사 상

風 바람 풍
부 風　획 9

丿 几 凡 風 風 風

凡(무릇 범)과 虫(벌레 충)이 합쳐진 글자이다. 무릇(凡, 대체로) 벌레(虫)들은 작기 때문에 바람이 불면 움직이게 된다. 따라서 '바람'을 뜻한다.

風俗(풍속) : 옛날부터 그 사회에 전해 오는 생활 전반에 걸친 습관 따위를 이르는 말
風車(풍차) : 바람의 힘을 기계적인 힘으로 바꾸는 장치

*俗 풍속 속　*車 수레 차

夏 여름 하
부 夊　획 10

一 丆 百 頁 夏 夏

頁(머리 혈)과 夊(천천히 걸을 쇠)가 합쳐진 글자이다. 더워서 머리(頁)를 떨구고 천천히 걷게 되는(夊) 계절인 '여름'을 뜻한다.

夏至(하지) : 낮이 가장 길고 밤이 가장 짧은 이십사절기의 하나
立夏(입하) : 여름이 시작되는 시기인 이십사절기의 하나

*至 이를 지　*立 설 립

선정한자 풀이

學 배울 학 〔준5급〕
부 子 획 16

ᅡ ᅜ 嗣 與 學

臼(절구 구), 爻(본받을 효), 冖(덮을 멱), 子(아들 자)가 합쳐진 글자이다. 사리에 어두운 아이(子)가 양손에 책을 잡고(臼) 스승의 가르침을 본받아(爻) '배운다'는 뜻이다.

學校(학교) : 교사가 계속적으로 학생에게 교육을 실시하는 기관
大學(대학) : 고등교육을 베푸는 교육기관
*校 학교 교 *大 큰 대

韓 나라이름 한 〔준5급〕
부 韋 획 17

十 吉 卓 乾 韓 韓

倝(해돋을 간)과 韋(에워쌀 위)가 합쳐진 글자이다. 아침 햇볕(倝)이 돋는 쪽에 성곽으로 에워싸인(韋) '나라'를 뜻한다.

韓服(한복) : 우리나라의 고유한 옷
大韓民國(대한민국) : 아시아 대륙 동쪽에 있는 한반도와 그 부속 島嶼(도서)로 이루어진 공화국, 우리나라
*服 옷 복 *大 큰 대 *民 백성 민
*國 나라 국

漢 한수, 한나라 한 〔준5급〕
부 水 획 14

丶 氵 汁 泄 漢 漢

氵(水, 물 수)와 𦰩(진흙 근)이 합쳐진 글자이다. 원래는 진흙(𦰩)이 많은 강(氵)의 이름을 뜻하였으나, 오늘날은 이 지역에 세워진 나라인 '중국'을 뜻한다.

漢族(한족) : 중국 본토에서 예로부터 살아온, 중국의 중심이 되는 종족
漢字(한자) : 중국에서 만들어 오늘날에도 쓰고 있는 문자
*族 겨레 족 *字 글자 자

合 합할 합, 홉 홉 〔준5급〕
부 口 획 6

丿 人 亼 合 合 合

亼(모을 집)과 口(입 구)가 합쳐진 글자이다. 입(口)을 모아(亼) 같이 똑같은 말을 한다는 데서 '합하다'는 뜻이다.

合同(합동) : 둘 이상의 조직이나 개인이 모여 행동이나 일을 함께함
混合(혼합) : 뒤섞어서 한데 합함
*同 한가지 동 *混 섞을 혼

5급 선정한자 풀이 **83**

선정한자 풀이

海 바다 해 〔준5급〕
부 水 획 10

`丶 氵 汒 浐 海 海 海`

氵(水, 물 수)와 每(매양 매)가 합쳐진 글자이다. 모든(每) 강물(氵)이 모이는 곳이 '바다' 라는 뜻이다.

海女(해녀) : 바다 속에 들어가 해삼, 전복, 미역 따위를 따는 것을 직업으로 하는 여자
近海(근해) : 육지에 인접한 바다
*女 여자 녀   *近 가까울 근

行 다닐 행, 항렬 항
부 行 획 6

`丿 彳 彳 仁 行 行`

彳(왼발로 자축거릴 척)과 亍(오른발로 자축거릴 촉)이 합쳐진 글자이다. 왼발(彳)과 오른발(亍)을 번갈아 가며 걸으니, 이리저리 '다닌다' 는 뜻이다.

行方(행방) : 간 곳이나 방향
行列(항렬) : 같은 혈족의 직계에서 갈라져 나간 계통 사이의 대수 관계를 나타내는 말
*行 갈 행   *列 벌일 렬

幸 다행 행
부 干 획 8

`一 十 土 土 土 幸 幸`

夭(일찍 죽을 요)와 屰(거스를 역)이 합쳐진 글자이다. 일찍 죽을(夭) 운명을 거스르니(屰) '다행' 이란 뜻이다.

幸運(행운) : 좋은 운수, 또는 행복한 운수
不幸(불행) : 행복하지 아니함
*運 옮길 운   *不 아닐 불

血 피 혈
부 血 획 6

`丿 丿 白 白 血 血`

丿(삐침 별)과 皿(그릇 명)이 합쳐진 글자이다. 제사 때 제물을 칼질(丿)해 나온 피를 담던 그릇(皿)의 모양을 본뜬 글자이다. 따라서 '피' 를 뜻한다.

血液(혈액) : 피
血肉(혈육) : 피와 살을 아울러 이르는 말
*液 액체 액   *肉 고기 육

선정한자 풀이

形 모양 형
부 彡 획 7

一 二 チ 开 形

井(우물 정)과 彡(털그릴 삼)이 합쳐진 글자이다. 털(彡)로 만든 붓으로 우물 정(井)을 쓰듯 가로세로 선을 이용해 '형상'을 그린다는 뜻이다.

形狀(형상) : 사물의 생긴 모양이나 상태
形成(형성) : 어떤 형상을 이룸
*狀 형상 상 *成 이룰 성

號 이름 호
부 虍 획 13

口 号 号 虏 號 號

号(이름 호)와 虎(범 호)가 합쳐진 글자이다. 이름(号)을 부르는 소리가 호랑이(虎) 울음소리처럼 우렁차다는 데서 '부르짖다'는 뜻이다. 자주 부르는 '이름'이라는 뜻도 있다.

符號(부호) : 일정한 뜻을 나타내기 위하여 따로 정하여 쓰는 기호
號令(호령) : 부하나 동물 따위를 지휘하여 명령함, 또는 그 명령
*符 부신 부 *令 명령 령

花 꽃 화
부 艹 획 8

艹 艹 艹 艹 艿 花

艹(艸, 풀 초)와 化(변할 화)가 합쳐진 글자이다. 풀(艹)이 자라다가 변하여(化) '꽃'이 된다는 뜻이다.

花草(화초) : 꽃이 피는 풀과 나무, 또는 꽃이 없더라도 관상용이 되는 모든 식물을 통틀어 이르는 말
花園(화원) : 꽃을 심은 동산
*草 풀 초 *園 동산 원

話 말씀 화
부 言 획 13

` 亠 言 言 訐 話

言(말씀 언)과 舌(혀 설)이 합쳐진 글자이다. 혀(舌)를 움직여 말(言)을 하는 것이니 '말씀'이란 뜻이다.

對話(대화) : 마주 대하여 이야기를 주고받음
話法(화법) : 말하는 방법
*對 대답할 대 *法 법 법

선정한자 풀이

和 화할, 화목할 화
부 口 획 8

` 二 千 千 禾 和 `

禾(벼 화)와 口(입 구)가 합쳐진 글자이다. 벼(禾)를 수확하여 여러 사람이 입(口)으로 먹으니 모두가 '화목하다'는 뜻이다.

調和(조화) : 서로 잘 어울림
平和(평화) : 평온하고 화목함
*調 고를 조 *平 평평할 평

活 살 활
부 水 획 9

` 丶 氵 汁 汗 活 `

氵(水, 물 수)와 舌(혀 설)이 합쳐진 글자이다. 혀(舌)에서 말이 물(氵) 흐르듯 나올 정도로 생기 있는 모습, 살아있는 모습을 나타냈다. 따라서 '살다'는 뜻이다.

活動(활동) : 몸을 움직여 행동함
生活(생활) : 사람이나 동물이 일정한 환경에서 활동하며 살아감
*動 움직일 동 *生 날 생

黃 누를 황
부 黃 획 12

` 一 廿 艹 苦 黃 黃 `

茣(빛 광의 옛 글자)과 田(밭 전)이 합쳐진 글자이다. 밭(田)의 빛깔(茣)이 '누렇다'는 뜻이다.

黃色(황색) : 누런색
黃土(황토) : 누렇고 거무스름한 흙
*色 빛 색 *土 흙 토

會 모일 회
부 日 획 13

` 丿 人 스 仒 侖 會 `

스(모을 집)과 曾(거듭 증)의 변형자가 합쳐진 글자이다. 거듭해서(曾) 많이 모인다는(스)데서 '모이다'는 뜻이 되었다.

會議(회의) : 여럿이 모여 의논함, 또는 그런 모임
朝會(조회) : 학교나 관청 따위에서 아침에 모든 구성원이 한 자리에 모이는 일
*議 의논할 의 *朝 아침 조

선정한자 풀이

孝 효도 효 〈준5급〉
부 子 획 7

`＋ 土 耂 孝 孝`

耂(늙을 로)와 子(아들 자)가 합쳐진 글자이다. 자식(子)이 늙은(耂) 부모님을 모시는 것이 '효도'라는 뜻이다.

孝道(효도) : 부모를 잘 섬기는 도리
孝心(효심) : 효성스러운 마음
*道 길 도 *心 마음 심

後 뒤 후 〈준5급〉
부 彳 획 9

`ノ 彳 彳 彳 徍 後 後`

彳(조금 걸을 척), 幺(작을 요), 夂(뒤져올 치)가 합쳐진 글자이다. 걸음걸이(彳)가 작으면(幺) 남보다 뒤지게(夂) 된다. 따라서 '뒤'라는 뜻이다.

後世(후세) : 다음에 오는 세상, 또는 다음 세대의 사람들
午後(오후) : 정오부터 해가 질 때까지의 동안
*世 세상 세 *午 낮 오

休 쉴 휴 〈준5급〉
부 人 획 6

`ノ 亻 什 什 休 休`

亻(人, 사람 인)과 木(나무 목)이 합쳐진 글자이다. 사람(亻)이 나무(木)그늘에서 쉬고 있는 것을 나타낸 글자이다. 따라서 '쉬다'는 뜻이다.

休校(휴교) : 학교가 학생을 가르치는 업무를 한동안 쉼
休學(휴학) : 질병이나 기타 사정으로, 학교에 적을 둔 채 일정 기간 동안 학교를 쉬는 일
*校 학교 교 *學 배울 학

3 기타출제유형 익히기

▶ 준5급 교과서한자어 풀이   ▶ 5급 교과서한자어 풀이
▶ 필수 한자성어

교과서한자어 풀이

준5급 교과서한자어 풀이

觀光客 관광객	[볼 관 빛 광 손님 객]	다른 지방이나 다른 나라의 풍물·풍속을 구경하러 다니는 사람
家族 가족	[집 가 겨레 족]	어버이와 자식, 형제자매 등 혈연과 혼인 등으로 한 집안을 이룬 사람들의 집단
觀察 관찰	[볼 관 살필 찰]	사물의 있는 그대로의 현상을 주의 깊게 살펴 봄
角 각	[뿔 각]	한 점에서 뻗어 나간 두 반직선이 이루는 도형
求愛行動 구애행동	[구할 구 사랑 애 다닐 행 움직일 동]	사랑을 구하는 행동
感想 감상	[느낄 감 생각 상]	마음에 느끼어 일어나는 생각
國寶 국보	[나라 국 보배 보]	가치가 높은 것으로 평가되어 국가가 보호·관리하는 문화재, 나라의 보배
經濟 경제	[지날 경 건널 제]	인간이 공동생활을 하는 데에 필요한 재화를 획득·이용하는 활동
記事 기사	[기록할 기 일 사]	신문이나 잡지 등에서 어떠한 일을 알리는 글
固體 고체	[굳을 고 몸 체]	덩어리로 되어 있고 일정한 부피와 모양을 갖고 있는 물질
農村 농촌	[농사 농 마을 촌]	농업으로 생업을 삼는 주민이 대부분인 마을
公共 공공	[공변될 공 함께 공]	사회 일반이나 사회의 여러 사람에 관계되는 것
踏査 답사	[밟을 답 조사할 사]	실지로 현장에 가서 보고 조사함

교과서 한자어 풀이

帶分數 대분수
[띠 대 나눌 분 셈 수]
정수와 진분수의 합으로 이루어진 분수

博物館 박물관
[넓을 박 물건 물 집 관]
역사·민속·산업·과학·예술 등에 관한 자료를 수집, 보관하고 전시하는 시설

對照 대조
[대답할 대 비출 조]
서로 반대되거나 상대적으로 다름

反省 반성
[돌이킬 반 살필 성]
자기의 언행·생각 따위의 잘못이나 옳고 그름을 깨닫기 위해 스스로를 돌이켜 살핌

都市 도시
[도읍 도 저자 시]
인구가 많고, 번화한 지역

不導體 부도체
[아니 부 인도할 도 몸 체]
전기가 통하지 않는 물질
〈반대어〉 導體(도체)

等高線 등고선
[무리 등 높을 고 줄 선]
바다의 수면을 기준으로 하여 높이가 같은 곳을 선으로 이은 것

分銅 분동
[나눌 분 구리 동]
물건의 무게를 달 때, 무게의 표준으로써 한쪽 저울판 위에 올려놓는 쇠붙이로 된 추

文段 문단
[글월 문 층계 단]
여러 문장을 하나로 묶은 글의 단위

想像 상상
[생각 상 모양 상]
머릿속으로 그려서 생각함

文化財 문화재
[글월 문 될 화 재물 재]
유형 문화재와 무형 문화재 및 기념물·민속자료를 통틀어 이르는 말

選擇 선택
[가릴 선 가릴 택]
둘 이상의 것에서 마음에 드는 것을 골라 뽑음

博覽會 박람회
[넓을 박 볼 람 모일 회]
산업·기술 발전을 위해 농업·공업·상업 등의 물품을 모아 사람들에게 보이는 모임

所得 소득
[바 소 얻을 득]
어떤 일의 결과로 얻는 것, 이익

교과서한자어 풀이

素材 소재
[흴, 본디 소 재목 재]
어떤 것을 만드는 데 바탕이 되는 재료

歷史 역사
[지낼 력 역사 사]
인간 사회가 거쳐 온 변천의 모습

俗談 속담
[풍속 속 말씀 담]
옛날부터 민간에 전해 내려오면서 교훈이나 풍자적인 내용을 표현한 짧은 말

聯想 연상
[이을 련 생각 상]
어떤 사물을 보거나 듣거나 생각할 때, 그와 관련된 다른 사물이 떠오르는 일

詩 시
[글 시]
문학의 한 갈래로 자신의 느낌이나 생각을 운율이 느껴지는 말로 나타낸 글

年表 연표
[해 년 겉 표]
옛날에 있었던 일들을 일어난 순서에 따라 표로 정리한 것

實踐 실천
[열매 실 밟을 천]
실제로 행함

預金 예금
[미리 예 쇠 금]
은행 등의 금융 기관에 돈을 맡김

液體 액체
[즙 액 몸 체]
물이나 기름처럼 일정한 부피는 있으나 일정한 모양이 없어 모양이 변하는 물질

禮節 예절
[예도 례 마디 절]
예의범절, 사람이 지켜야 할 도리

約束 약속
[맺을 약 묶을 속]
어떤 일에 대하여 어떻게 하기로 미리 정해 놓고 서로 어기지 않을 것을 다짐함

流通 유통
[흐를 류 통할 통]
어떤 상품이 생산자로부터 소비자에게 전해지는 과정

讓步 양보
[사양할 양 걸음 보]
1. 자리나 길을 비켜줌
2. 자신의 주장을 굽혀 남의 의견을 좇음

銀行 은행
[은 은 다닐 행]
예금을 맡고 빌려주거나, 유가 증권을 발행·관리하는 금융기관

교과서 한자어 풀이

音樂 음악
[소리 음 풍류 악]
인간의 사상과 감정을 주로 소리로 나타내는 예술

秩序 질서
[차례 질 차례 서]
사물 또는 사회가 올바른 생태를 유지하기 위하여 지켜야 할 일정한 차례나 규칙

資料 자료
[재물 자 헤아릴 료]
무엇을 하기 위한 재료

體操 체조
[몸 체 잡을 조]
신체의 이상적 발달을 꾀하고 신체의 결함을 교정 또는 보충하기 위해 하는 운동

電池 전지
[번개 전 못 지]
화학적인 반응에 의하여 전기를 일으키는 장치

縮尺 축척
[줄어질 축 자 척]
지도나 설계도 따위를 실물보다 작게 그릴 때 그 축소한 정도

主題 주제
[주인 주 제목 제]
글쓴이가 읽는 이에게 말하고자 하는 중심 생각

討論 토론
[칠 토 의논할 론]
어떤 문제에 찬성하거나 반대하는 의견을 내어 상대편이 동의하도록 하는 말하기

地圖 지도
[땅 지 그림 도]
지구 표면의 일부나 전부를 일정한 축척에 따라 평면 위에 나타낸 그림

堆積 퇴적
[언덕 퇴 쌓을 적]
많이 덮쳐 쌓임

支出 지출
[지탱할 지 날 출]
어떤 목적을 위하여 돈이나 물건을 치러 줌

投票 투표
[던질 투 표 표]
선거 또는 어떤 일을 결정할 때 정해진 용지에 기입하여 지정된 곳에 넣음

地層 지층
[땅 지 층 층]
자갈·모래·진흙·생물체 따위가 물밑이나 지표에 덮쳐 쌓여 이룬 층

販賣 판매
[팔 판 팔 매]
상품을 팜

교과서한자어 풀이

偏見 편견
[치우칠 편 볼 견]
공정하지 못하고 한쪽으로 치우친 생각

5급 교과서한자어 풀이
*준5급 교과서한자어와 중복되는 17자는 생략하였습니다. 전체 단어는 교과서한자어 일람표(25~28쪽)을 참고하세요.

便紙 편지
[편할 편 종이 지]
상대편에게 전하고 싶은 일 등을 적어 보내는 글

加熱 가열
[더할 가 더울 열]
열을 가하거나 열이 더 세게 나도록 함

韓半島 한반도
[나라이름 한 반 반 섬 도]
우리나라 국토인 반도

家庭 가정
[집 가 뜰 정]
가족이 함께 생활하는, 사회의 가장 작은 집단

幸福 행복
[다행 행 복 복]
흐뭇하도록 만족하여 부족이나 불만이 없음

角度 각도
[뿔 각 법도 도]
1. 각의 크기
2. 사물을 보거나 생각하는 방향

化石 화석
[될 화 돌 석]
옛날에 살았던 동물이나 식물이 퇴적암에 들어 있거나 그 흔적이 남아 있는 것

降水量 강수량
[내릴 강 물 수 헤아릴 량]
비·눈·우박 따위가 지상에 내린 것을 모두 물로 환산한 분량

和音 화음
[화목할 화 소리 음]
높낮이가 다른 둘 이상의 음이 동시에 울렸을 때의 합성된 음

建國 건국
[세울 건 나라 국]
새로 나라를 세움

話題 화제
[말씀 화 제목 제]
이야깃거리

結果 결과
[맺을 결 과실 과]
1. 어떤 까닭으로 말미암아 이루어지는 결말
2. 열매를 맺음

교과서한자어 풀이

經驗 경험
[지날 경 시험 험]
실지로 보고 듣고 겪은 일

工程 공정
[장인 공 길 정]
1. 작업의 되어 가는 정도
2. 계획적인 대량생산을 위해 여러 가지로 나눈 가공단계

計算 계산
[셀 계 셈 산]
1. 수량을 셈
2. 식을 연산하여 수치를 구하여 내는 일

慣用表現 관용표현
[버릇 관 쓸 용 겉 표 나타날 현]
둘 이상의 낱말이 어울려 원래의 뜻과는 다른, 새로운 뜻으로 굳어져 쓰이는 표현

季節 계절
[철 계 마디 절]
1. 한 해를 날씨에 따라 나눔
2. 어떤 일을 하는 데 가장 알맞은 시절

廣告 광고
[넓을 광 알릴 고]
1. 세상에 널리 알림
2. 상품 등의 상업 선전이나 그것을 위한 글이나 그림

固有語 고유어
[굳을 고 있을 유 말씀 어]
그 나라의 민족의 역사와 함께 변천·발달해 온 고유의 언어

區分 구분
[나눌 구 나눌 분]
따로따로 갈라서 나눔

曲線 곡선
[굽을 곡 줄 선]
부드럽게 굽은 선

權利 권리
[권세 권 이로울 리]
1. 마음대로 할 수 있는 자격
2. 이익을 주장할 수 있는 법률적 힘

恭敬 공경
[공손 공 공경할 경]
남을 대할 때 몸가짐을 공손히 하고 존경함

規則 규칙
[법 규 법 칙]
국가나 어떤 단체에 속해있는 사람의 행위, 또는 사무 절차 따위의 기준으로 정해 놓은 법

公演 공연
[공변될 공 펼 연]
연극·음악·무용 등을 공개된 자리에서 해보임

極微細 극미세
[다할 극 작을 미 가늘 세]
1. 10억 분의 1m의 아주 작은 것
2. 현미경으로도 분간하기 어려울 정도로 아주 작은 것

교과서한자어 풀이

根據 근거
[뿌리 근 의거할 거]
어떤 의견이나 논의 따위의 이유 또는 바탕이 되는 것

團體 단체
[모일 단 몸 체]
같은 목적으로 모인 두 사람 이상의 모임

勤勉 근면
[부지런할 근 힘쓸 면]
아주 부지런함

對應 대응
[대답할 대 응할 응]
1. 맞서서 서로 응함
2. 두 도형 또는 두 집합에서 짝을 이루는 요소의 관계

肯定 긍정
[즐길 긍 정할 정]
어떤 사실이나 생각 따위를 그러하다고 인정함

導體 도체
[인도할 도 몸 체]
전기가 통하는 물질
〈반대어〉 不導體(부도체)

氣溫 기온
[기운 기 따뜻할 온]
대기의 온도

獨立 독립
[홀로 독 설 립]
1. 다른 것에 기대지 않음
2. 한 나라가 완전한 주권을 행사함

基準 기준
[터 기 법도 준]
기본이 되는 표준

面談 면담
[낯 면 말씀 담]
서로 만나서 이야기함

單位 단위
[홑 단 자리 위]
길이, 넓이, 무게, 양 등을 수치로 나타내기 위하여 계산의 기본으로 정해놓은 기준

描寫 묘사
[그릴 묘 베낄 사]
눈으로 보거나 마음으로 느낀 것 등을 있는 그대로 표현함

端正 단정
[바를 단 바를 정]
모습이나 몸가짐이 흐트러진 데 없이 얌전하고 깔끔함

文脈 문맥
[글월 문 문맥 맥]
글의 연결이나 줄거리

교과서 한자어 풀이

微笑 미소
[작을 미 웃음 소]
소리를 내지 않고 빙긋이 웃는 웃음

比例式 비례식
[견줄 비 법식 례 법식]
두 비의 값이 같음을 나타내는 식

半導體 반도체
[절반 반 인도할 도 몸 체]
상온에서 전기를 전도하는 성질이 도체와 부도체의 중간 정도 되는 물질

比率 비율
[견줄 비 비율 률]
둘 이상의 수를 비교하여 나타낼 때, 그 중 한 개의 수를 기준으로 한 다른 수의 비교 값

背景 배경
[등 배 볕 경]
1. 뒤쪽의 경치
2. 무대 장치
3. 시대적·역사적인 환경

司法府 사법부
[맡을 사 법 법 관청 부]
삼권분립에 따라 사법권을 행사하는 '법원'을 이르는 말

分類 분류
[나눌 분 무리 류]
사물을 공통되는 성질에 따라 종류별로 가름

社會 사회
[모일 사 모일 회]
공동생활을 하는 인간의 집단

分數 분수
[나눌 분 셈 수]
1. 어떤 수를 나눈 것을 분자와 분모로 나타낸 것
2. 자기의 처지에 마땅한 한도

生態系 생태계
[날 생 모양 태 이어 맬 계]
일정한 지역의 생물 공동체와 무기적 환경이 서로 균형과 조화를 이루는 자연의 체계

分布 분포
[나눌 분 펼 포]
여기저기 흩어져 널리 퍼져 있음

選擧 선거
[가릴 선 들 거]
일정한 조직이나 집단에서 그 대표자나 임원을 투표 등의 방법으로 뽑음

比較 비교
[견줄 비 견줄 교]
둘 이상의 사물을 서로 견주어 봄

說得 설득
[말씀 설 얻을 득]
잘 설명하거나 타이르거나 해서 알아차리게 함

교과서한자어 풀이

稅金 세금
[세금 세 쇠 금]
국가나 지방자치단체가 필요한 경비를 마련하기 위해 국민으로부터 거두어들이는 돈

巖石 암석
[바위 암 돌 석]
바위

消極的 소극적
[사라질 소 다할 극 과녁 적]
제 스스로 나서서 하지 않는 것 〈반대어〉 積極的(적극적)

餘暇 여가
[남을 여 겨를 가]
겨를, 틈

俗談 속담
[풍속 속 말씀 담]
옛날부터 민간에 전해 내려오면서 교훈이나 풍자적인 내용을 표현한 짧은 말

餘韻 여운
[남을 여 운치 운]
일이 끝난 다음에도 남아 있는 느낌이나 정취

收入 수입
[거둘 수 들 입]
돈이나 물건 따위를 벌어들이거나 거두어들이는 일, 또는 그 돈이나 물건

旅行 여행
[나그네 려 다닐 행]
일정 기간 다른 고장이나 다른 나라에 가는 일

輸出 수출
[보낼 수 날 출]
상품이나 기술 따위를 외국으로 팔아 내보냄
〈반대어〉 輸入(수입)

役割 역할
[부릴 역 벨 할]
마땅히 해야 할 맡은 바 직책이나 임무, 구실 또는 소임

時調 시조
[때 시 고를 조]
고려 시대부터 발달하여 온 우리나라 고유의 정형시

汚染 오염
[더러울 오 물들일 염]
1. 더러워짐
2. 공기·물 따위가 세균 등에 의해 독성을 갖게 됨

樂器 악기
[음악 악 그릇 기]
음악을 연주하는 데 쓰이는 기구를 통틀어 이르는 말, 관악기·현악기·타악기 따위

宇宙 우주
[집 우 집 주]
온 세계를 둘러싸고 있는 공간

교과서한자어 풀이

原因 원인
[근본 원 인할 인]
사물의 말미암은 까닭

障碍 장애
[막을 장 막을 애]
1. 거치적거리어 방해가 되는 일
2. 신체상의 고장

衛星 위성
[지킬 위 별 성]
행성의 둘레를 운행하는 작은 천체

貯金 저금
[쌓을 저 쇠 금]
돈을 모아 둠

陸地 육지
[뭍 륙 땅 지]
물에 잠기지 않은 지구 겉의 땅

積極的 적극적
[쌓을 적 다할 극 과녁 적]
어떤 일에 있어서 나서서 열심히 하는 것
〈반대어〉消極的(소극적)

以上 이상
[써 이 위 상]
그것을 포함하여, 그것보다 많거나 위임
〈반대어〉以下(이하)

適應 적응
[맞을 적 응할 응]
어떠한 상황이나 조건에 잘 어울림

印象 인상
[도장 인 코끼리 상]
1. 사람의 마음에 주는 감각
2. 마음에 깊이 새겨져 잊혀지지 않는 자취

戰爭 전쟁
[싸움 전 다툴 쟁]
국가와 국가 사이의 무력에 의한 싸움

自然 자연
[스스로 자 그럴 연]
1. 사람의 손에 의하지 않고 존재하거나 일어나는 현상
2. 사람이나 물질의 본 성질

傳統 전통
[전할 전 거느릴 통]
어떤 집단이나 공동체에서 지난날로부터 이어 내려오는 사상·관습·행동

自由 자유
[스스로 자 말미암을 유]
남에게 얽매이거나 구속받거나 하지 않고, 자기 마음대로 행동하는 일

轉學 전학
[구를 전 배울 학]
다른 학교로 옮김

교과서한자어 풀이

情報 정보
[뜻 정 갚을, 알릴 보]
사물의 내용이나 형편에 관한 소식이나 재료

創意的 창의적
[비롯할 창 뜻 의 과녁 적]
새로운 생각이나 의견

政治 정치
[정사 정 다스릴 치]
나라를 다스리는 일

尖端 첨단
[뾰족할 첨 끝, 바를 단]
맨 앞장

尊重 존중
[높을 존 무거울 중]
소중하게 여김

超過 초과
[넘을 초 지날 과]
일정한 수나 한도를 넘음

種類 종류
[씨 종 무리 류]
어떤 기준에 따라 나눈 갈래

針葉樹 침엽수
[바늘 침 잎 엽 나무 수]
소나무·잣나무 등 잎이 바늘같이 생긴 나무를 통틀어 이르는 말

地球村 지구촌
[땅 지 공 구 마을 촌]
지구 마을(세계가 한 마을처럼 서로 어울려 살아야 한다는 뜻)

快適 쾌적
[쾌할 쾌 맞을 적]
몸과 마음에 알맞아 기분이 썩 좋음

地震 지진
[땅 지 진동할 진]
땅 속의 급격한 변화로 땅이 흔들리거나 갈라지는 현상

妥協 타협
[평온할 타 도울 협]
두 편이 서로 좋도록 알맞게 조화시켜 협의함

參政權 참정권
[참여할 참 정사 정 권세 권]
국민이 국가 정치에 직접·간접으로 참여하는 권리

態度 태도
[모양 태 법도 도]
어떤 사물에 대한 감정이나 생각 따위가 겉으로 나타난 모습

교과서 한자어 풀이

太陽系 태양계
[클 태 볕 양 이어 맬 계]
태양을 인력 중심으로 하여 운행하고 있는 천체의 집단

協同 협동
[도울 협 한가지 동]
여럿이 마음과 힘을 합함

討議 토의
[칠 토 의논할 의]
어떤 문제에 대하여 각자의 의견을 내놓고 검토하고 의논함

確率 확률
[굳을 확 비율 률]
어떤 일이 일어날 확실성의 정도나 그것을 나타내는 수치

統一 통일
[거느릴 통 한 일]
나누어진 것들을 몰아 하나의 완전한 것으로 만듦

環境 환경
[고리 환 지경 경]
생활체를 둘러싸고 직접·간접으로 영향을 주는 자연, 또는 사회의 조건이나 형편

投資 투자
[던질 투 재물 자]
이익을 얻을 목적으로 사업 등에 자금을 댐

闊葉樹 활엽수
[넓을 활 잎 엽 나무 수]
떡갈나무나 오동나무 따위의 잎이 넓은 나무

標準語 표준어
[표할 표 법도 준 말씀 어]
교육적, 문화적인 편의를 위하여 한 나라의 표준이 되게 정한 말

合唱 합창
[합할 합 부를 창]
여러 사람이 소리를 맞추어 노래함

解決 해결
[풀 해 결단할 결]
사건이나 문제 따위를 잘 처리함

필수 한자성어

家家戶戶
가 가 호 호

[집 가 집 가 집 호 집 호]
1. 집집, 한 집 한 집
2. 집집마다

見危授命
견 위 수 명

[볼 견 위태할 위 줄 수 목숨 명]
나라가 위태로운 상황을 보면 목숨을 바침

間於齊楚
간 어 제 초

[사이 간 어조사 어 제나라 제 초나라 초]
약한 이가 강한 이들 틈에 끼여 괴로움을 받음

傾國之色
경 국 지 색

[기울어질 경 나라 국 어조사 지 빛 색]
나라를 기울어지게 할 만큼 뛰어난 미인

開卷有益
개 권 유 익

[열 개 책 권 있을 유 이로울 익]
'책을 열면 이익이 있다'는 뜻으로, 독서를 권장하는 말

公明正大
공 명 정 대

[공평할 공 밝을 명 바를 정 큰 대]
마음이 공명하며, 조금도 사사로움이 없이 바름

犬猿之間
견 원 지 간

[개 견 원숭이 원 어조사 지 사이 간]
'개와 원숭이의 사이'라는 뜻으로, 서로 사이가 나쁜 두 사람의 관계를 비유하여 이르는 말

敎學相長
교 학 상 장

[가르칠 교 배울 학 서로 상 긴 장]
가르치고 배우면서 서로 성장함

필수 한자성어

九死一生 구사일생
[아홉 구 죽을 사 하나 일 살 생]
아홉 번(여러 차례) 죽을 고비를 넘기고 겨우겨우 살아남

捲土重來 권토중래
[말 권 흙 토 거듭 중 올 래]
한 번 싸움에 패하였다가 다시 힘을 길러 쳐들어오는 일, 또는 어떤 일에 실패한 뒤 다시 힘을 쌓아 그 일에 재차 착수하는 일

九牛一毛 구우일모
[아홉 구 소 우 하나 일 털 모]
'아홉 마리 소 가운데 하나의 털'이라는 뜻으로, 많은 것 가운데 섞인 아주 작은 것

近墨者黑 근묵자흑
[가까울 근 먹 묵 놈 자 검을 흑]
'먹을 가까이 하는 사람은 검게 된다'는 뜻으로, 나쁜 사람을 가까이하면 자신도 모르게 물들기 쉬움

國利民福 국리민복
[나라 국 이로울 리 백성 민 복 복]
나라의 이익과 국민의 행복

錦上添花 금상첨화
[비단 금 위 상 더할 첨 꽃 화]
'비단 위에 꽃을 더한다'는 뜻으로, 좋은 일에 또 좋은 일이 더해짐

勸善懲惡 권선징악
[권할 권 착할 선 징계할 징 악할 악]
'선을 권하고 악을 징계한다'는 뜻으로, 선한 일을 권하고 악한 일을 경계함

錦繡江山 금수강산
[비단 금 수놓을 수 강 강 메 산]
'비단에 수놓은 것 같은 강과 산'이라는 뜻으로, 아름다운 자연을 이르는 말(우리나라를 비유하는 말로도 쓰임)

필수 한자성어

今時初聞 금시초문
[이제 금 때 시 처음 초 들을 문]
듣느니 처음, 이제야 비로소 처음 들음

男女老少 남녀노소
[사내 남 여자 녀 늙을 로 젊을 소]
'남자와 여자, 늙은이와 젊은이'라는 뜻으로, 모든 사람을 이르는 말

錦衣夜行 금의야행
[비단 금 옷 의 밤 야 다닐 행]
'비단 옷을 입고 밤길을 걷는다'는 뜻으로, 아무 보람이 없는 행동, 또는 입신출세하여서도 고향으로 돌아가지 않음

老馬之智 노마지지
[늙을 로 말 마 어조사 지 지혜 지]
'늙은 말의 지혜'라는 뜻으로, 아무리 하찮은 것일지라도 저마다 長技(장기)나 장점을 지니고 있음, 또는 경험을 쌓은 사람이 갖춘 지혜

氣高萬丈 기고만장
[기운 기 높을 고 일만 만 길이 장]
1. 일이 뜻대로 잘 되어 기세가 대단함
2. 펄펄 뛸 만큼 몹시 성이 남

多岐亡羊 다기망양
[많을 다 가닥나뉠 기 잃을 망 양 양]
'여러 갈래로 갈린 길에서 양을 잃는다'는 뜻으로, 학문의 길이 많아 진리를 찾기 어려움, 또는 방침이 많아서 어찌할 바를 모름

氣盡脈盡 기진맥진
[기운 기 다할 진 맥 맥 다할 진]
'기력이 다하고 맥이 다하여 풀림'이라는 뜻으로, 몹시 피곤하여 지친 상태

多事多難 다사다난
[많을 다 일 사 많을 다 어려울 난]
여러 가지로 일도 많고 어려움도 많음

필수 한자성어

大驚失色
대경실색

[큰 대 놀랄 경 잃을 실 빛 색]
'크게 놀라 원래의 얼굴빛을 잃어버리고 하얗게 변함'이라는 뜻으로, 몹시 놀람을 이르는 말

登龍門
등용문

[오를 등 용 룡 문 문]
龍門(용문)에 오른다는 뜻으로, 입신출세의 관문을 이르는 말

代代孫孫
대대손손

[세대 대 세대 대 손자 손 손자 손]
대대로 이어 내려오는 자손

燈下不明
등하불명

[등불 등 아래 하 아니 불 밝을 명]
'등잔 밑이 어둡다'는 뜻으로, 가까이에 있는 것을 오히려 더 잘 모름

東問西答
동문서답

[동녘 동 물을 문 서녘 서 대답 답]
'동쪽을 묻는데 서쪽을 대답한다'는 뜻으로, 묻는 말에 대하여 아주 딴판인 엉뚱한 대답을 함

燈火可親
등화가친

[등불 등 불 화 가할 가 친할 친]
'등불을 가까이 할 만하다'는 뜻으로, 글 읽기에 좋은 시절인 가을을 이르는 말

東西古今
동서고금

[동녘 동 서녘 서 옛 고 이제 금]
'동양과 서양, 옛날과 지금'이란 뜻으로 인간 사회의 모든 시대, 모든 곳을 이르는 말

萬古江山
만고강산

[일만 만 옛 고 강 강 메 산]
오랜 세월을 통하여 변함이 없는 산천

필수 한자성어

萬壽無疆
만 수 무 강

[일만 만 목숨 수 없을 무 굳셀 강]
수명이 끝이 없음을 이르는 말로, 장수를 빌 때 쓰는 표현

尾生之信
미 생 지 신

[꼬리 미 살 생 어조사 지 믿을 신]
'미생의 믿음'이라는 뜻으로, 미련하도록 약속을 굳게 지키는 것이나 고지식하여 융통성이 없음

無病長壽
무 병 장 수

[없을 무 병 병 긴 장 목숨 수]
'병 없이 오래 살다'라는 뜻으로, 보통 나이 드신 어른에게 하는 기원의 말

反哺之孝
반 포 지 효

[돌이킬 반 먹일 포 어조사 지 효도 효]
'(어미에게) 되먹이는 (까마귀의) 효성'이라는 뜻으로, 어버이의 은혜에 대한 자식의 지극한 효도를 이르는 말

無爲徒食
무 위 도 식

[없을 무 할 위 다만 도 먹을 식]
하는 일도 없이 먹고 놀기만 함

百年河淸
백 년 하 청

[일백 백 해 년 물 하 맑을 청]
'백 년 동안 황하강의 물이 맑기를 기다린다'는 뜻으로, 아무리 바라고 기다려도 실현될 가망이 없음

門前成市
문 전 성 시

[문 문 앞 전 이룰 성 시장 시]
문 앞에 마치 시장이 선 것 같다는 뜻으로, 찾아오는 사람이 매우 많음을 나타내는 말

白面書生
백 면 서 생

[흰 백 얼굴 면 글 서 사람 생]
'글만 읽어 얼굴이 창백한 사람'이라는 뜻으로, 공부만 하여 세상 물정에 어둡고 경험이 없는 사람

필수 한자성어

兵家常事 병가상사
[군사 병 집 가 항상 상 일 사]
'이기고 지는 일은 전쟁에서 흔히 있는 일'이라는 뜻으로, 한 번의 실패에 절망하지 말라는 의미

四面楚歌 사면초가
[넉 사 면 면 초나라 초 노래 가]
사방이 적으로 둘러싸인 孤立無援(고립무원)의 상태

富貴榮華 부귀영화
[부유할 부 귀할 귀 영화로울 영 빛날 화]
부귀와 권력을 마음껏 누림

事事件件 사사건건
[일 사 일 사 사건 건 사건 건]
모든 일, 또는 온갖 사건

不問可知 불문가지
[아니 불 물을 문 가할 가 알 지]
묻지 않아도 알 수 있는 확실한 사실

山川草木 산천초목
[메 산 내 천 풀 초 나무 목]
산과 내와 풀과 나무, 즉 자연을 이르는 말

士農工商 사농공상
[선비 사 농사 농 장인 공 장사 상]
선비·農夫(농부)·匠人(장인)·商人(상인)의 네 가지 신분을 아울러 이르던 말

山海珍味 산해진미
[메 산 바다 해 보배 진 맛 미]
산과 바다에서 나오는 온갖 재료로 만든 진기한 음식

필수 한자성어

塞翁之馬
새 옹 지 마

[변방 새 늙은이 옹 어조사 지 말 마]
'변방 늙은이의 말'이라는 뜻으로, 인생에 있어서 길흉화복은 항상 바뀌어 미리 헤아릴 수 없음

水魚之交
수 어 지 교

[물 수 물고기 어 어조사 지 사귈 교]
'물과 물고기의 사귐'이라는 뜻으로, 물과 물고기처럼 매우 친밀하여 떨어질 수 없는 사이

先公後私
선 공 후 사

[먼저 선 공변될 공 뒤 후 사사로울 사]
사사로운 일이나 이익보다 公事(공사)나 公益(공익)을 앞세움

時時刻刻
시 시 각 각

[때 시 때 시 시각 각 시각 각]
지나가는 시각 시각

小貪大失
소 탐 대 실

[작을 소 탐낼 탐 큰 대 잃을 실]
작은 것을 탐내다가 큰 것을 잃음

始終如一
시 종 여 일

[처음 시 마칠 종 같을 여 하나 일]
'처음과 끝이 한결 같다'는 뜻으로, 변함없이 한결같은 경우

垂簾聽政
수 렴 청 정

[드리울 수 발 렴 들을 청 정치 정]
'발을 드리우고 정치를 듣는다'는 뜻으로, 나이 어린 왕이 즉위했을 때 성인이 될 일정 기간 동안 왕대비나 대왕대비가 국정을 대리로 처리하던 일

良藥苦口
양 약 고 구

[좋을 량 약 약 쓸 고 입 구]
'좋은 약은 입에 쓰다'는 뜻으로, 바르게 충고하는 말은 귀에 거슬리지만 자신을 이롭게 함

필수 한자성어

言中有骨 언중유골
[말씀 언 가운데 중 있을 유 뼈 골]
'말 가운데 뼈가 있다'는 뜻으로, 평범한 말 같으나 그 속에 단단한 속뜻이 들어 있음

有口無言 유구무언
[있을 유 입 구 없을 무 말씀 언]
'입은 있으나 할 말이 없다'는 뜻으로, 변명할 말이 없음

龍頭蛇尾 용두사미
[용 룡 머리 두 뱀 사 꼬리 미]
'용의 머리이나 뱀의 꼬리'라는 뜻으로, 시작은 거창하나 뒤로 갈수록 흐지부지해짐

流言蜚語 유언비어
[흐를 류 말씀 언 날 비 말씀 어]
아무 근거 없이 널리 퍼진 소문, 터무니없이 떠도는 말, 뜬소문

右往左往 우왕좌왕
[오른 우 갈 왕 왼 좌 갈 왕]
이리저리 오락가락하며 일이나 나아갈 방향을 결정짓지 못하고 망설임

六何原則 육하원칙
[여섯 륙 어찌 하 근원 원 법칙 칙]
기사작성을 할 때 지켜야하는 필수 조건으로 '누가·언제·어디서·무엇을·어떻게·왜'의 여섯 가지 원칙을 이르는 말

牛耳讀經 우이독경
[소 우 귀 이 읽을 독 경서 경]
'쇠귀에 경 읽기'라는 뜻으로, 아무리 가르치고 일러 주어도 알아듣지 못함

耳目口鼻 이목구비
[귀 이 눈 목 입 구 코 비]
1. 귀·눈·입·코를 아울러 이르는 말
2. 귀·눈·입·코를 중심으로 한 얼굴의 생김새

필수 한자성어

利用厚生 이용후생
[이로울 리 쓸 용 두터울 후 살 생]
(편리한 기구 등을) 이용하여 생활에 부족함이 없게 하자는 생각, 또는 그런 일을 이르는 말

一長一短 일장일단
[한 일 좋을 장 한 일 허물 단]
장점도 있고 단점도 있음

人山人海 인산인해
[사람 인 메 산 사람 인 바다 해]
'사람으로 이루어진 산과 바다'라는 뜻으로, 많은 사람이 모인 상태를 이르는 말

自手成家 자수성가
[스스로 자 손 수 이룰 성 집 가]
'스스로의 손으로 집안을 이루었다'는 뜻으로, 물려받은 재산이 없이 어엿한 살림을 이룩함

一石二鳥 일석이조
[한 일 돌 석 둘 이 새 조]
'한 개의 돌로 두 마리의 새를 잡다'는 뜻으로, 한 가지 일로 두 가지의 이득을 얻는 경우

自業自得 자업자득
[스스로 자 일 업 스스로 자 얻을 득]
자기가 저지른 일의 결과에 대한 보답을 자기 자신이 받음

一字千金 일자천금
[한 일 글자 자 일천 천 쇠 금]
글자 한 자에 천 금이라는 뜻으로, 매우 빼어난 글자나 시문을 비유한 말

自初至終 자초지종
[스스로 자 처음 초 이를 지 마칠 종]
'처음부터 끝까지'라는 뜻으로, 처음부터 끝까지의 동안이나 과정

필수 한자성어

作心三日
작심삼일

[지을 **작** 마음 **심** 석 **삼** 날 **일**]
'마음을 먹은 것이 삼 일을 못 간다'는 뜻으로, 결심이 굳지 못함을 빗대어 이르는 말

絶世佳人
절세가인

[뛰어날 **절** 세상 **세** 아름다울 **가** 사람 **인**]
세상에서 뛰어나게 아름다운 사람

電光石火
전광석화

[번개 **전** 빛 **광** 돌 **석** 불 **화**]
1. 몹시 짧은 시간
2. 매우 재빠른 동작

鳥足之血
조족지혈

[새 **조** 발 **족** 어조사 **지** 피 **혈**]
'새 발의 피'라는 뜻으로, 아주 적은 분량을 비유해 이르는 말

前代未聞
전대미문

[앞 **전** 시대 **대** 아닐 **미** 들을 **문**]
'이전 시대에는 들어 본 적이 없다'는 뜻으로, 매우 놀라운 일이나 새로운 것

左之右之
좌지우지

[왼 **좌** 대명사 **지** 오른 **우** 대명사 **지**]
제 마음대로 다루거나 휘두름

前無後無
전무후무

[앞 **전** 없을 **무** 뒤 **후** 없을 **무**]
이전에도 없었고 이후에도 없을 정도로 진귀하고 특별함

走馬看山
주마간산

[달릴 **주** 말 **마** 볼 **간** 메 **산**]
'달리는 말 위에서 산천을 구경한다'는 뜻으로, 이것저것을 천천히 살펴볼 틈이 없이 바삐 서둘러 대강대강 보고 지나침

필수 한자성어

竹馬故友
죽 마 고 우

[대나무 죽 말 마 예 고 벗 우]
'대말을 타고 함께 놀던 친구'란 뜻으로, 어릴 때부터 같이 놀며 자란 오랜 벗

天高馬肥
천 고 마 비

[하늘 천 높을 고 말 마 살찔 비]
'하늘은 높고 말은 살찐다'는 뜻으로, 가을을 이르는 말

知己之友
지 기 지 우

[알 지 몸 기 어조사 지 벗 우]
자기를 잘 알아주는 친구, 자기의 마음을 잘 이해해주는 참다운 친구

天衣無縫
천 의 무 봉

[하늘 천 옷 의 없을 무 꿰맬 봉]
'하늘의 옷에는 꿰맨 자국이 없다'는 뜻으로, 시나 문장 따위가 꾸밈이 없이 자연스러움, 또는 사물이 완전무결함

知音
지 음

[알 지 소리 음]
'소리를 알아주다'는 뜻으로, 말하지 않아도 자신의 속마음까지 알아주는 친구를 이르는 말
〈유의어〉知己之友(지기지우)

草綠同色
초 록 동 색

[풀 초 푸를 록 같을 동 빛 색]
'풀색과 녹색은 같은 색'이라는 뜻으로, 같은 처지에 있는 사람들끼리 같이 어울리게 마련임

進退兩難
진 퇴 양 난

[나아갈 진 물러날 퇴 두 량 어려울 난]
'앞으로 나아가거나 뒤로 물러나는 것, 두 가지가 모두 어려움'이라는 뜻으로, 이러기도 어렵고 저러기도 어려운 매우 난처한 처지에 놓여 있음

泰然自若
태 연 자 약

[클 태 그러할 연 스스로 자 같을 약]
태연하고 침착하여 조금도 마음이 동요되지 아니함

필수 한자성어

八方美人 팔방미인

[여덟 팔 방위 방 아름다울 미 사람 인]
'여덟 방위로 살펴보아도(어느 쪽으로 보아도) 아름다운 사람'이라는 뜻으로, 여러 방면에 능통한 사람을 이르는 말

匹夫之勇 필부지용

[하나 필 사내 부 어조사 지 날쌜 용]
'한 사나이(대수롭지 않은 평범한 남자)의 용기'라는 뜻으로, 혈기만 믿고 함부로 덤비는 小人(소인)의 용기를 이르는 말

平地風波 평지풍파

[평평할 평 땅 지 바람 풍 물결 파]
'평지에 풍파가 인다'는 뜻으로, 뜻밖의 분쟁이 일어남

鶴首苦待 학수고대

[학 학 머리 수 괴로울 고 기다릴 대]
'학처럼 목을 빼고 괴로울 정도로 기다린다'는 뜻으로, 몹시 기다림을 이르는 말

風樹之嘆 풍수지탄

[바람 풍 나무 수 어조사 지 탄식할 탄]
'바람과 나무의 탄식'이라는 뜻으로, 어버이가 돌아가시어 효도를 하고 싶어도 할 수 없는 슬픔

漢江投石 한강투석

[한수 한 강 강 던질 투 돌 석]
'한강에 돌을 던진다'는 뜻으로, 아무리 해도 헛될 일을 하는 어리석은 행동

風前燈火 풍전등화

[바람 풍 앞 전 등불 등 불 화]
'바람 앞의 등불'이라는 뜻으로, 存亡(존망)이 달린 매우 위급한 상태

好事多魔 호사다마

[좋을 호 일 사 많을 다 마귀 마]
'좋은 일에는 마귀가 많이 낀다'는 뜻으로, 좋은 일에는 탈이 나기 쉬움

필수 한자성어

好衣好食
호의호식

[좋을 호 옷 의 좋을 호 먹을 식]
잘 입고 잘 먹음, 또는 그런 생활

花朝月夕
화조월석

[꽃 화 아침 조 달 월 저녁 석]
'꽃이 핀 아침과 달 뜨는 저녁'이라는 뜻으로, 경치가 좋은 시절을 이르는 말

弘益人間
홍익인간

[넓을 홍 이로울 익 사람 인 사이 간]
'널리 인간세계를 이롭게 한다'는 뜻으로, 단군왕검이 우리나라를 세울 때의 建國理念(건국이념)

4 실전대비 예상·기출문제

▶ 한자자격시험 예상문제   ▶ 한자자격시험 기출문제
▶ 정답 및 답안지

한자자격시험 예상문제 [5급 1회]

객관식 (1~30번)

● 다음 [ ] 안의 한자와 음(소리)이 같은 한자는?

1. [計] ①感 ②番 ③界 ④飮
2. [圖] ①郡 ②禮 ③愛 ④度
3. [新] ①信 ②當 ③發 ④親
4. [遠] ①綠 ②原 ③果 ④勇
5. [幸] ①淸 ②號 ③行 ④神

● 다음 [ ] 안의 한자와 뜻이 상대(반대) 되는 한자는?

6. [朝] ①夕 ②多 ③晝 ④作
7. [去] ①冬 ②科 ③樹 ④來

● 다음 [ ] 안의 한자와 뜻이 비슷(유사) 한 한자는?

8. [海] ①路 ②洋 ③病 ④業
9. [堂] ①室 ②當 ③窓 ④半
10. [文] ①友 ②共 ③章 ④習

● 다음 <보기>의 낱말들과 관련이 깊은 한자는?

11. 보기 | 국어 한문 사회
    ①友 ②科 ③意 ④成
12. 보기 | 소화제 진통제 물파스
    ①綠 ②信 ③藥 ④根
13. 보기 | 두만 낙동 압록
    ①江 ②永 ③題 ④形

● 다음 설명이 뜻하는 한자어는?

14. 기본이 되는 표준
    ①對應 ②單位 ③基準 ④計算

15. 몸과 마음에 알맞아 기분이 썩 좋음
    ①勤勉 ②尊重 ③協同 ④快適

16. 이익을 얻을 목적으로 사업 등에 자금을 댐
    ①投票 ②投資 ③妥協 ④解決

17. 땅 속의 급격한 변화로 땅이 흔들리거나 갈라지는 현상
    ①陸地 ②巖石 ③地震 ④地層

18. 어떤 의견이나 논의 따위의 이유 또는 바탕이 되는 것
    ①背景 ②廣告 ③比較 ④根據

19. 어떤 사물을 보거나 듣거나 생각하거나 할 때, 그와 관련 있는 다른 사물이 머리에 떠오르는 일
    ①聯想 ②想像 ③原因 ④印象

20. 사물의 내용이나 형편에 관한 소식이나 재료
    ①討議 ②規則 ③情報 ④權利

21. 국가나 지방 자치 단체가 필요한 경비를 마련하기 위해 국민으로부터 강제로 거두어들이는 돈
    ①選擧 ②稅金 ③貯金 ④收入

22. 나누어진 것들을 몰아 하나의 완전한 것으로 만듦
    ①分布 ②縮尺 ③旅行 ④統一

23. 일정한 조직이나 집단에서 그 대표자나 임원을 투표 등의 방법으로 뽑음
    ①選擧 ②解決 ③說得 ④規則

예상문제 [5급 1회]

● 다음 문장 중 ( ) 안에 들어갈 한자어로 알맞은 것은?

24. 노력하지 않은 일이 성공할 ( )은 없다.
    ① 快適 ② 適應 ③ 確率 ④ 規則

25. 대기 공기의 ( )으로 인해 질병의 발생이 늘어난다.
    ① 超過 ② 汚染 ③ 結果 ④ 態度

26. 봉사( )에 가입하여 주말에 활동을 하고 있다.
    ① 團體 ② 電流 ③ 根據 ④ 文脈

27. ( ) 기술의 발달로 사람들의 생활 문화가 급속도로 발전하였다.
    ① 妥協 ② 解決 ③ 分數 ④ 尖端

28. 장애인들의 기본권을 ( )하여 국가정책을 입안하여야 한다.
    ① 投資 ② 妥協 ③ 尊重 ④ 餘暇

29. 수험생은 시험( )를 초조하게 기다린다.
    ① 確率 ② 結果 ③ 環境 ④ 經驗

30. 학생들끼리 의견을 ( )하는 수업을 많이 하고 있다.
    ① 貯金 ② 肯定 ③ 討議 ④ 微笑

주관식 (31~100번)

● 다음 한자의 훈(뜻)과 음(소리)을 쓰시오.

31. 去 (   ) 32. 共 (   )
33. 近 (   ) 34. 急 (   )
35. 對 (   ) 36. 讀 (   )
37. 別 (   ) 38. 服 (   )
39. 消 (   ) 40. 勝 (   )
41. 始 (   ) 42. 陽 (   )
43. 運 (   ) 44. 銀 (   )
45. 體 (   )

● 다음 □ 안에 공통으로 들어갈 한자를 〈보기〉에서 찾아 쓰시오.

보기 | 名 各 放 聞 業 勇 信

46. □界, □國, □自 (   )
47. 事□, 生□, 本□ (   )
48. □學, □出, □心 (   )

● [가로열쇠]와 [세로열쇠]를 읽고, 빈칸에 공통으로 들어갈 한자를 쓰시오.

49. 表□ / □談
    가로열쇠: 겉면
    세로열쇠: 서로 만나서 이야기 함

50. 速□ / □行
    가로열쇠: 빠른 걸음
    세로열쇠: 걸어가는 일, 걷기

51. 晝□ / □學
    가로열쇠: 밤과 낮
    세로열쇠: 밤에 공부를 배우는 일

● 다음 한자어의 독음을 쓰시오.

52. 飮食 (   ) 53. 對話 (   )
54. 形成 (   ) 55. 親近 (   )
56. 始祖 (   ) 57. 道理 (   )
58. 樂園 (   ) 59. 便利 (   )
60. 共通 (   ) 61. 根本 (   )
62. 完成 (   ) 63. 通路 (   )
64. 獨唱 (   ) 65. 光線 (   )
66. 花草 (   )

● 다음 글을 읽고 밑줄 친 부분이 뜻하는 한자를 〈보기〉에서 찾아 쓰시오.

보기 | 陽 路 晝 意 時 夏 綠 號 黃

67. 그는 낮과 밤을 가리지 않고 일을 한다. (   )

68. 속담에 '여름에 하루 놀면 겨울에 열흘 굶는다' 는 말이 있다. (   )

예상문제 [5급 1회]

69. 이산 가족들은 가족의 <u>이름</u>을 부르고 싶어도 부르지 못하는 아픔이 있다. (　　)

70. 가을이 되면 들판은 <u>누런</u> 황금빛이 된다. (　　)

71. 선비의 품은 <u>뜻</u>은 나라를 위해 일하는 것이었다. (　　)

72. 녹음이 우거진 산은 <u>푸르름</u>이 가득하다. (　　)

73. 여름날에 볕을 많이 <u>쬐면</u> 일사병에 걸릴 수 있다. (　　)

● 다음 문장 중 한자어의 독음을 쓰시오.

74. 성실과 **勤勉**으로 맡은 바 임무를 완수하였다. (　　)

75. **肯定**적인 사고는 모든 부정적인 면을 이겨낼 수 있다. (　　)

76. 그는 **餘暇**시간을 활용하여 운동을 한다. (　　)

77. 요즘은 기업과 대학 간의 산학 **協同**이 많이 이루어지고 있다. (　　)

78. 외국어와 **固有語**가 조합하여 새로운 말이 생겨나기도 한다. (　　)

79. 산업이 발달하면 할수록 많이 **博覽會**가 개최되어 상품을 소개한다. (　　)

80. 자기의 생각을 효과적으로 표현하기 위해서는 알맞은 단어의 **選擇**이 필요하다. (　　)

81. 민속촌은 외국 **觀光客**들이 많이 찾는 곳이다. (　　)

82. 생산 제품의 불량률을 낮추기 위해 전 **工程**을 기계화, 자동화하였다. (　　)

83. 지출이 **超過**되는 바람에 적자를 면하기 어렵게 되었다. (　　)

● 다음 문장 중 (　) 안의 단어를 한자어로 쓰시오.

84. 합리적인 (신용)카드 사용이 자신의 미래를 행복하게 만든다. (　　)

85. (녹색)은 우리의 마음을 편안하게 하는 효과가 있다. (　　)

86. 이순신 장군의 이름은 역사에 (영원)히 존재할 것이다. (　　)

87. 날이 따뜻해지면 (야외)수업을 한다. (　　)

88. 아이들이 (개학)을 앞두고 방학 숙제를 하느라 바쁘다. (　　)

● 다음 문장 중 한자어의 잘못된 글자를 바르게 고쳐 쓰시오.

89. 수퍼마켓에는 많은 제품이 **品木**별로 분류되어 있다. (　　 → 　　)

90. 그릇을 끓는 물로 **可熱**하여 소독하였다. (　　 → 　　)

● 다음 훈음에 맞는 한자를 쓰시오.

91. 손자 손 (　　)
92. 꽃부리 영 (　　)
93. 병　병 (　　)
94. 놓을 방 (　　)
95. 예도 례 (　　)
96. 목숨 명 (　　)
97. 뒤　후 (　　)

예상문제 [5급 1회]

98. 말씀 화 (　　　)

● 다음 〈보기〉의 내용에 맞게 안에 적당한 한자를 넣어 한자성어를 완성하시오.

99. 九□一生 (　　　)

| 의미 | '아홉 번 죽을 고비를 넘기고 겨우 살아남' 이란 뜻으로, 여러 차례 죽을 고비를 넘기고 겨우 살아난다는 뜻 |

100. 一石二□ (　　　)

| 의미 | '한 개의 돌로 두 마리의 새를 잡음' 이란 뜻으로, 한 가지의 일로 두 가지의 이득을 얻는 경우를 이르는 말 |

한자자격시험 예상문제 [5급 2회]

객관식 (1~30번)

● 다음 [ ] 안의 한자와 음(소리)이 같은 한자는?

1. [近] ① 根 ② 步 ③ 昨 ④ 業
2. [始] ① 失 ② 示 ③ 便 ④ 形
3. [洋] ① 強 ② 線 ③ 運 ④ 陽
4. [花] ① 夏 ② 窓 ③ 和 ④ 族
5. [高] ① 理 ② 苦 ③ 別 ④ 肉

● 다음 [ ] 안의 한자와 뜻이 상대(반대) 되는 한자는?

6. [苦] ① 藥 ② 美 ③ 病 ④ 樂
7. [合] ① 左 ② 科 ③ 分 ④ 野

● 다음 [ ] 안의 한자와 뜻이 비슷(유사) 한 한자는?

8. [宅] ① 太 ② 家 ③ 會 ④ 部
9. [急] ① 明 ② 放 ③ 速 ④ 遠
10. [有] ① 在 ② 感 ③ 新 ④ 度

● 다음 〈보기〉의 낱말들과 관련이 깊은 한자는?

11. 보기 | 소나무 참나무 은행나무
    ① 放 ② 交 ③ 孫 ④ 樹

12. 보기 | 耳 目 足
    ① 花 ② 身 ③ 品 ④ 共

13. 보기 | 사과 대추 복숭아
    ① 利 ② 體 ③ 果 ④ 畫

● 다음 설명이 뜻하는 한자어는?

14. 물에 잠기지 않은 지구 거죽의 땅
    ① 地層 ② 自然 ③ 陸地 ④ 地震

15. 글의 연결이나 줄거리
    ① 描寫 ② 文脈 ③ 根據 ④ 背景

16. 새로운 생각이나 의견
    ① 情報 ② 聯想 ③ 印象 ④ 創意

17. 연극, 음악, 무용 등을 공개된 자리에서 해보임
    ① 樂器 ② 轉學 ③ 公演 ④ 合唱

18. 돈이나 물건 따위를 벌어들이거나 거두어 들이는 일, 또는 그 돈이나 물건
    ① 收入 ② 貯金 ③ 輸出 ④ 稅金

19. 인간 사회가 거쳐 온 변천의 모습
    ① 統一 ② 歷史 ③ 旅行 ④ 鬪爭

20. 돈을 모아 둠
    ① 輸出 ② 廣告 ③ 貯金 ④ 政治

21. 두 편이 서로 좋도록 알맞게 조화시켜 합 의함
    ① 否定 ② 尖端 ③ 獨立 ④ 妥協

22. 상대편에게 전하고 싶은 일 등을 적어서 보내는 글
    ① 便紙 ② 俗談 ③ 討議 ④ 規則

23. 옛날부터 민간에 전해 내려오면서 교훈이 나 풍자적인 내용을 표현한 짧은 말
    ① 俗談 ② 童話 ③ 時調 ④ 肯定

● 다음 문장 중 ( ) 안에 들어갈 한자어로 알맞은 것은?

24. 자신의 맡은 ( )을 다 할때 사회는 안정 을 이룬다.
    ① 根據 ② 經驗 ③ 役割 ④ 印象

예상문제 [5급 2회]

25. 사람들이 많이 모이는 (　)장소에는 기초 질서를 잘 지켜야 한다.
    ① 肯定　② 公共　③ 協同　④ 歷史

26. 두 연인은 결혼을 하기로 (　)하였다.
    ① 地震　② 統一　③ 俗談　④ 約束

27. 우리나라는 다른 나라에 자동차, 선박 등을 (　)하여 많은 달러를 들여오고 있다.
    ① 輸出　② 描寫　③ 快適　④ 分數

28. 지도의 (　)을 이용하여 두 점 사이의 거리를 구할 수 있다.
    ① 便紙　② 縮尺　③ 俗談　④ 餘暇

29. 어린이 사고 (　)은 부주의가 많다.
    ① 汚染　② 團體　③ 原因　④ 役割

30. 학교에서 (　)로 학생회장을 선출한다.
    ① 態度　② 選擧　③ 印象　④ 基準

주관식 (31~100번)

● 다음 한자의 훈(뜻)과 음(소리)을 쓰시오.

31. 郡 (　　)　32. 當 (　　)
33. 等 (　　)　34. 禮 (　　)
35. 綠 (　　)　36. 發 (　　)
37. 番 (　　)　38. 樹 (　　)
39. 愛 (　　)　40. 遠 (　　)
41. 題 (　　)　42. 淸 (　　)
43. 通 (　　)　44. 號 (　　)
45. 黃 (　　)

● 다음 □ 안에 공통으로 들어갈 한자를 〈보기〉에서 찾아 쓰시오.

| 보기 | 和 服 風 運 科 永 花 |

46. □草, 國□, 校□ (　　)
47. □速, 春□, 强□ (　　)
48. □學, □目, 敎□ (　　)

● [가로열쇠]와 [세로열쇠]를 읽고, 빈칸에 공통으로 들어갈 한자를 쓰시오.

49. 農□ / □長
    가로열쇠: 농사를 생업으로 하는 마을
    세로열쇠: 마을 일을 맡아보는 마을 어른

50. 道□ / □面
    가로열쇠: 길의 겉면, 길바닥
    세로열쇠: 사람이나 차들이 다니는 비교적 큰 길

51. 形□ / □場
    가로열쇠: 겉모양, 격식이나 절차
    세로열쇠: 식을 거행하는 곳

● 다음 한자어의 독음을 쓰시오.

52. 午後 (　　)　53. 永遠 (　　)
54. 勝利 (　　)　55. 平和 (　　)
56. 番號 (　　)　57. 活用 (　　)
58. 表示 (　　)　59. 時速 (　　)
60. 題目 (　　)　61. 便安 (　　)
62. 原理 (　　)　63. 適應 (　　)
64. 世界 (　　)　65. 體重 (　　)
66. 發生 (　　)

● 다음 글을 읽고 밑줄 친 부분이 뜻하는 한자를 〈보기〉에서 찾아 쓰시오.

| 보기 | 感 來 席 急 死 步 在 利 愛 省 |

67. 임금은 백성들의 민심을 잘 살피고 다스려야 한다. (　　)

68. 봄 기운이 빠른 걸음으로 다가오고 있다. (　　)

69. 남을 이롭게 하는 것이 자신에게도 이롭다. (　　)

70. 동네에 급한 환자가 있어 응급실로 향했다. (　　)

71. 축구 대표팀이 이길 때면 국민의 자긍심을 느낀다. (　　)

예상문제 [5급 2회]

72. 부모님의 두터운 **사랑**으로 아이들이 건강하게 자랄 수 있다. (　　)

73. 지하철에서 몸이 불편한 사람들을 보면 **자리**를 양보하는 것이 미덕이다.
(　　)

● 다음 문장 중 한자어의 독음을 쓰시오.

74. 환경 보호를 위해서는 모두가 **積極的**인 자세로 나서야 할 때이다. (　　)

75. 그는 불우한 **環境**에서도 긍정적인 사고로 좌절하지 않고 살아왔다. (　　)

76. 나무 중 잎이 넓은 떡갈나무, 뽕나무, 상수리나무가 **闊葉樹**이다. (　　)

77. 우리말 중에는 오랫동안 쓰여서 굳어진 **慣用表現**들이 많이 있다. (　　)

78. 오늘 본 영화의 **餘韻**이 아직도 남아있다.
(　　)

79. 지구 대기권 밖에는 무인 인공 **衛星**들이 많이 존재한다. (　　)

80. 이 사회는 개인의 의견을 **尊重**하는 사회이다. (　　)

81. 죄인에게 관용을 베풀도록 **司法府**에 종용하였다. (　　)

82. 남대문의 소실로 인해 많은 국민들이 **文化財**의 소중함을 일깨운 계기가 되었다.
(　　)

83. 국가들 간에 **經濟**적인 면에서 많은 협력이 이루어지고 있다. (　　)

● 다음 문장 중 (　) 안의 단어를 한자어로 쓰시오.

84. 수학 문제를 풀때에는 (성급)하게 하지말고 차근차근 풀어야 한다. (　　)

85. 집안에 어르신이 병원에 입원하여 (문병)을 갔다. (　　)

86. 그 소년의 꿈은 소설을 쓰는 (작가)이다.
(　　)

87. 어떤 일이든 그 결정에 (반대)하는 사람이 있기 마련이다. (　　)

88. 예전에 지방의 선비들은 과거를 보기 위해 (상경)하였다. (　　)

● 다음 문장 중 한자어의 잘못된 글자를 바르게 고쳐 쓰시오.

89. 설날에 받은 세뱃돈을 **銀幸**에 저금하였다.
(　　→　　)

90. 그는 성격이 급하여 일할 때 **失首**가 많다.
(　　→　　)

● 다음 훈음에 맞는 한자를 쓰시오.

91. 편할 편　(　　)
92. 곧을 직　(　　)
93. 글　장　(　　)
94. 모일 회　(　　)
95. 글　서　(　　)
96. 살필 성　(　　)
97. 머리 두　(　　)
98. 뜻　의　(　　)

예상문제 [5급 2회]

● 다음 〈보기〉의 내용에 맞게 안에 적당한 한자를 넣어 한자성어를 완성하시오.

99. 前□後□ (   )

의미	'이전에도 없었고 이후에도 없을 것이다'라는 뜻으로, 매우 보기 드문 경우를 두고 이르는 말

100. 九牛一□ (   )

의미	'아홉 마리 소 가운데 하나의 털'이라는 뜻으로, 많은 것 가운데 아주 적은 것을 이르는 말

한자자격시험 예상문제 [5급 3회]

객관식 (1~30번)

● 다음 [ ] 안의 한자와 음(소리)이 같은 한자는?

1. [省] ①朴 ②路 ③成 ④式
2. [樹] ①等 ②首 ③急 ④木
3. [藥] ①弱 ②當 ③意 ④速
4. [才] ①表 ②在 ③後 ④命
5. [題] ①勝 ②聞 ③短 ④弟

● 다음 [ ] 안의 한자와 뜻이 상대(반대) 되는 한자는?

6. [前] ①夜 ②身 ③後 ④詩
7. [消] ①李 ②用 ③油 ④生

● 다음 [ ] 안의 한자와 뜻이 비슷(유사) 한 한자는?

8. [永] ①光 ②讀 ③近 ④長
9. [事] ①業 ②書 ③功 ④席
10. [服] ①直 ②表 ③衣 ④活

● 다음 〈보기〉의 낱말들과 관련이 깊은 한자는?

11. 보기 李 朴 金
    ①木 ②名 ③文 ④性

12. 보기 물감 도화지 색연필
    ①圖 ②春 ③形 ④和

13. 보기 綠 黃 靑
    ①才 ②京 ③冬 ④色

● 다음 설명이 뜻하는 한자어는?

14. 겨를·틈
    ①轉學 ②快適 ③餘暇 ④端正

15. 어떤 사실이나 생각 따위를 그러하다고 인정함
    ①否定 ②肯定 ③積極 ④消極

16. 열을 가하거나 열이 더 세게 나도록 함
    ①基準 ②計算 ③加熱 ④結果

17. 그것을 포함하여 그것보다 많거나 상위임
    ①以上 ②分析 ③超過 ④規則

18. 대기의 온도
    ①季節 ②氣溫 ③角度 ④創意

19. 사물을 공통되는 성질에 따라 종류별로 가름
    ①選擧 ②單位 ③福祉 ④分類

20. 여럿이 마음과 힘을 합함
    ①端正 ②轉學 ③協同 ④合唱

21. 마음에 깊이 새겨져 잊혀지지 않는 자취
    ①廣告 ②印象 ③根據 ④役割

22. 실지로 보고 듣고 겪은 일
    ①經驗 ②活動 ③情報 ④分類

23. 소리를 내지 않고 빙긋이 웃는 웃음
    ①約束 ②投資 ③微笑 ④解決

● 다음 문장 중 ( ) 안에 들어갈 한자어로 알맞은 것은?

24. 국산제품의 성능을 외제와 ( )해도 뒤떨어지지 않는다.
    ①文脈 ②比較 ③結果 ④妥協

25. 어머니의 끈질긴 ( )으로 범인이 자수하였다.
    ①俗談 ②自然 ③討議 ④說得

예상문제 [5급 3회]

26. 회사마다 신제품 (　)에 심혈을 기울이고 있다.
　① 廣告　② 種類　③ 協同　④ 創意

27. 건물 신축 공사가 90%의 (　)을 보이고 있다.
　① 經濟　② 導體　③ 工程　④ 比率

28. 그 소설은 성격 (　)가 뛰어났다.
　① 對應　② 描寫　③ 想像　④ 背景

29. (　)위기 극복을 위해 국민 모두가 나서야 할 때이다.
　① 恭敬　② 獨立　③ 經濟　④ 分布

30. 우리나라도 우리 기술로 만든 인공(　)이 있다.
　① 單位　② 根據　③ 區分　④ 衛星

주관식 (31~100번)

● 다음 한자의 훈(뜻)과 음(소리)을 쓰시오.

31. 感 (　)　　32. 計 (　)
33. 度 (　)　　34. 美 (　)
35. 部 (　)　　36. 習 (　)
37. 席 (　)　　38. 新 (　)
39. 業 (　)　　40. 章 (　)
41. 族 (　)　　42. 便 (　)
43. 和 (　)　　44. 會 (　)
45. 窓 (　)

● 다음 □ 안에 공통으로 들어갈 한자를 〈보기〉에서 찾아 쓰시오.

| 보기 | 名 各 放 對 業 勇 信 題 通 |

46. 相□, □話, □句 (　)
47. 問□, 主□, □目 (　)
48. 直□, 交□, □信 (　)

● [가로열쇠]와 [세로열쇠]를 읽고, 빈칸에 공통으로 들어갈 한자를 쓰시오.

49. 遠□／□視
　가로열쇠: 멀고 가까움
　세로열쇠: 가까운 곳은 잘 보이나 먼 곳은 잘 보이지 않는 눈

50. 速□／□者
　가로열쇠: 책을 빨리 읽음
　세로열쇠: 글을 읽는 사람

51. 秋□／□服
　가로열쇠: 가을과 겨울
　세로열쇠: 겨울에 입는 옷

● 다음 한자어의 독음을 쓰시오.

52. 綠色 (　)　　53. 問題 (　)
54. 不便 (　)　　55. 音樂 (　)
56. 消去 (　)　　57. 感氣 (　)
58. 名所 (　)　　59. 當番 (　)
60. 道路 (　)　　61. 對話 (　)
62. 朝會 (　)　　63. 創業 (　)
64. 陽地 (　)　　65. 各別 (　)
66. 通信 (　)

● 다음 글을 읽고 밑줄 친 부분이 뜻하는 한자를 〈보기〉에서 찾아 쓰시오.

| 보기 | 始 朝 淸 勇 番 遠 飮 親 活 作 |

67. 집에서 버스 정류장까지 거리가 너무 멀다. (　)

68. 무슨 일이든 처음 시작할 때가 가장 중요하다. (　)

69. 몸이 날쌔고 힘이 좋아 나무에도 잘 오른다. (　)

70. 여름이면 하루 몇 차례씩 소나비가 내린다. (　)

71. 동생은 목이 마른지 물을 벌꺽벌꺽 마셨다. (　)

예상문제 [5급 3회]

72. 속담에 '윗물이 <u>맑아야</u> 아랫물도 <u>맑다</u>' 라고 한다. (   )

73. 학교가 끝나면 나는 언제나 가장 <u>친한</u> 친구와 하교를 한다. (   )

● 다음 문장 중 한자어의 독음을 쓰시오.

74. 머리를 **端正**하게 빗어넘긴 그녀는 흰 한복과 어울려서 매우 아름다웠다.
(   )

75. 우리나라의 **半導體** 산업은 뛰어난 기술력을 지니고 있다. (   )

76. 교통 사고 후유증으로 많은 사람들이 **障碍**로 고통받고 있다. (   )

77. **參政權**은 인간이 태어날 때부터 가지는 권리이다. (   )

78. 친구 간에 생긴 문제는 당사자들이 **解決**하여야 한다. (   )

79. 우리나라의 수목 중 소나무, 잣나무, 향나무 따위가 **針葉樹**이다. (   )

80. 속담에 '**時調**하라 하면 발뒤축이 아프다 한다' 는 말이 있다. (   )

81. 그는 회사에서 아주 중요한 **役割**을 맡고 있다. (   )

82. 그는 자신이야 말로 시대의 **尖端**을 걷고 있다고 생각했다. (   )

83. 교포들은 함께 모여 아리랑을 **合唱**하였다.
(   )

● 다음 문장 중 (   ) 안의 단어를 한자어로 쓰시오.

84. (창문) 밖에 함박눈이 내리고 있다.
(   )

85. 가을은 (독서)하기에 가장 좋은 계절이다.
(   )

86. 경제가 어려울 때 많은 사람들이 지금까지 사용하지 않았던 물품을 재(활용)한다.
(   )

87. 조금 아프다고 (약품)을 오남용하면 더 큰 위험에 빠질 수 있다. (   )

88. 그는 버스를 두 번 갈아타면서 (통학)을 하고 있다. (   )

● 다음 문장 중 한자어의 잘못된 글자를 바르게 고쳐 쓰시오.

89. 모든 일은 **始昨**과 끝을 잘 하여야 한다.
(→   )

90. 책은 **第目**만 보아도 내용을 유추할 수 있다.
(→   )

● 다음 훈음에 맞는 한자를 쓰시오.

91. 길 로   (   )
92. 법도 도 (   )
93. 이로울 리(   )
94. 큰바다 양(   )
95. 마실 음 (   )
96. 가을 추 (   )
97. 모양 형 (   )
98. 무거울 중(   )

예상문제 [5급 3회]

● 다음 〈보기〉의 내용에 맞게 안에 적당한 한자를 넣어 한자성어를 완성하시오.

99. 花□月夕 (　　　)

의미	'꽃이 핀 아침과 달 뜨는 저녁' 이라는 뜻으로, 경치가 좋은 시절을 이르는 말

100. □心三日 (　　　)

의미	'마음 먹은 것이 삼 일을 못 간다' 는 뜻으로, 결심이 굳지 못함을 빗대어 이르는 말

한자자격시험 기출문제 [준5급 1회]

객관식 (1~30번)

● 다음 [ ] 안의 한자와 음(소리)이 같은 한자는?

1. [歌] ①羊 ②玉 ③家 ④耳
2. [全] ①電 ②靑 ③手 ④川
3. [男] ①文 ②南 ③江 ④自
4. [士] ①寸 ②土 ③心 ④四
5. [東] ①洞 ②馬 ③門 ④時

● 다음 [ ] 안의 한자와 뜻이 상대(반대) 되는 한자는?

6. [小] ①工 ②所 ③大 ④夕
7. [地] ①天 ②火 ③育 ④答
8. [右] ①中 ②左 ③石 ④下
9. [問] ①己 ②入 ③山 ④答
10. [老] ①不 ②父 ③少 ④位

● 다음 〈보기〉의 낱말들과 관련이 깊은 한자는?

11. 보기 | 바지 셔츠 치마
    ①民 ②衣 ③食 ④林
12. 보기 | 강아지풀 잔디 크로버
    ①力 ②白 ③來 ④草
13. 보기 | 일요일 휴가 방학
    ①前 ②休 ③分 ④百

● 다음 설명이 뜻하는 한자어는?

14. 연구나 조사 따위의 바탕이 되는 재료
    ①家族 ②角 ③資料 ④選擇
15. 현장에 가서 직접 보고 조사함
    ①詩 ②所得 ③記事 ④踏査

16. 나라의 보배
    ①國寶 ②行動 ③實踐 ④年表
17. 서로 달라서 대비가 됨
    ①販賣 ②對照 ③想像 ④便紙
18. 국가나 사회의 구성원에게 두루 관계되는 것
    ①農村 ②音樂 ③公共 ④地層

● 다음 문장 중 한자어의 독음(소리)이 바른 것은?

19. 사람에 대한 偏見을 버리면 더 많은 친구들을 사귈 수 있다.
    ①방패 ②편견 ③편향 ④연패
20. 성공한 사람들의 일화를 素材로 글짓기를 했다.
    ①소재 ②소개 ③시재 ④화재
21. 육지 쪽으로 오목하게 들어간 지역에는 백사장과 같은 堆積지형이 발달한다.
    ①양식 ②침식 ③쾌적 ④퇴적
22. 체육시간에 키 크는 데 도움이 되는 體操를 배웠다.
    ①체구 ②체조 ③예절 ④예조
23. 한국의 俗談은 해학적인 것이 많다.
    ①전통 ②동화 ③속담 ④민요

● 다음 문장 중 ( ) 안에 들어갈 한자어로 알맞은 것은?

24. 어린이( )학교에서 큰절을 하는 방법을 배웠다.
    ①禮節 ②求愛 ③話題 ④文段
25. 통장을 새로 만들기 위해 ( )으로 갔다.
    ①歷史 ②主題 ③經濟 ④銀行

기출문제 [준5급 1회]

26. 이번 대통령 선거에는 거의 모든 국민이 ( )에 참가했다.
    ① 讓步 ② 投票 ③ 支出 ④ 分銅

27. 여행을 좋아하는 삼촌은 항상 세계 ( )를 가지고 다닌다.
    ① 感想 ② 反省 ③ 地圖 ④ 液體

28. 35억 년 전의 고대 생물 ( )이 발견되어 학자들의 관심이 집중되었다.
    ① 化石 ② 縮尺 ③ 固體 ④ 導體

29. 중국 대륙의 면적은 ( ) 면적의 49배이다.
    ① 帶分數 ② 韓半島
    ③ 等高線 ④ 文化財

30. 우유를 살 때는 반드시 ( )기한을 확인해야 한다.
    ① 電池 ② 聯想 ③ 觀察 ④ 流通

주관식 (31~100번)

● 다음 한자의 훈(뜻)과 음(소리)을 쓰시오.

31. 漢 ( )   32. 安 ( )
33. 軍 ( )   34. 林 ( )
35. 育 ( )   36. 末 ( )
37. 平 ( )   38. 夫 ( )
39. 午 ( )   40. 位 ( )
41. 孝 ( )   42. 自 ( )
43. 弟 ( )   44. 色 ( )
45. 立 ( )

● 다음 □ 안에 공통으로 들어갈 한자를 〈보기〉에서 찾아 쓰시오.

보기	百 時 手 兄 所

46. □工, □足, □記 ( )
47. □日, 正□, 不□ ( )
48. 住□, □長, 山□ ( )

● [가로열쇠]와 [세로열쇠]를 읽고, 빈칸에 공통으로 들어갈 한자를 쓰시오.

49. 室 / 地
   - 가로열쇠: 방이나 건물의 밖
   - 세로열쇠: 자기가 사는 곳 밖의 다른 고장

50. 上 / 北
   - 가로열쇠: 북쪽으로 향함
   - 세로열쇠: 위쪽을 향함

51. 人 / 生
   - 가로열쇠: 생명을 갖고 스스로 생활 현상을 유지하는 물체
   - 세로열쇠: 사람과 물건을 아울러 이르는 말

● 다음 한자어의 독음을 쓰시오.

52. 水玉 ( )   53. 食道 ( )
54. 西海 ( )   55. 面上 ( )
56. 牛羊 ( )   57. 邑內 ( )
58. 本心 ( )   59. 先祖 ( )
60. 合同 ( )   61. 農事 ( )
62. 出場 ( )   63. 天空 ( )
64. 里長 ( )   65. 休日 ( )
66. 年代 ( )

● 다음 글을 읽고 밑줄 친 부분이 뜻하는 한자를 〈보기〉에서 찾아 쓰시오.

봄 비
나태주

먼 67)나라에 사시는 왕자님이
찾아68)오셨습니다.
소곤소곤 발자국 소리도 없이
69)말발굽 소리도 없이
눈이 70)파아란 왕자님이
나의 창 71)앞에 찾아오셨습니다.
나무 가지마다 파란 나뭇잎을 틔우려고
졸음 오는 잊혀진
먼먼 72)옛이야기를 들려주시려고
귀먹은 아이 73)귀를 열어주시려고
(이하 생략)

기출문제 [준5급 1회]

보기	牛 古 馬 耳 國 青 來 前

67. (　　　)　　68. (　　　)
69. (　　　)　　70. (　　　)
71. (　　　)　　72. (　　　)
73. (　　　)

● 다음 문장 중 한자어의 독음을 쓰시오.

74. 한자교육은 **國語** 학습에 많은 도움을 준다.
(　　　)

75. 유명 배우가 모습을 드러내자 일본인 **觀光客**들이 우르르 몰려들었다. (　　　)

76. 어머니의 **少女**시절 이야기를 들었다.
(　　　)

77. 국어 선생님께서는 학교에 **討論**방을 만드셨다. (　　　)

78. 선생님께서는 큰 복을 받은 **孝子**에 대한 이야기를 들려 주셨다. (　　　)

79. 공룡 화석에 대한 숙제를 하기 위해 자연사 **博物館**에 다녀왔다. (　　　)

80. 오늘도 교통 경찰관들은 **秩序**유지와 우리의 안전을 위해 힘쓰고 있다. (　　　)

81. 지금 하고 있는 일에서 **幸福**을 찾아라.
(　　　)

82. 음악가들은 대개 멜로디보다는 **和音**과 리듬을 더 중시한다. (　　　)

83. 그녀는 생기 넘치는 얼굴로 **約束** 장소에 나와 있었다. (　　　)

● 다음 문장 중 (　) 안의 단어를 한자어로 쓰시오.

84. 우리 가족은 (매월) 셋째 주 주말에 여행을 간다. (　　　)

85. 나는 그 소식을 (방금)에야 들었다.
(　　　)

86. 나는 커서 (유명)한 과학자가 될 것이다.
(　　　)

87. 지하철 선로에 떨어진 사람을 구한 그에게 용감한 (시민)상을 주기로 하였다.
(　　　)

88. 학교 앞은 (등교)하는 학생들로 가득했다.
(　　　)

● 다음 문장 중 한자어의 잘못된 글자를 바르게 고쳐 쓰시오.

89. 즐거운 음악을 듣고 나니 **己分**이 좋아졌다.
(　　　→　　　)

90. 4월 5일, **植目日** 행사로 뒷산에 나무를 심었다. (　　　→　　　)

● 다음 훈음에 맞는 한자를 쓰시오.

91. 배울　학　(　　　)
92. 수레　차　(　　　)
93. 사이　간　(　　　)
94. 어미　모　(　　　)
95. 성　　성　(　　　)
96. 수건　건　(　　　)
97. 가르칠 교　(　　　)
98. 세상　세　(　　　)

기출문제 [준5급 1회]

● 다음 〈보기〉의 내용에 맞게 안에 적당한 한자를 넣어 한자성어를 완성하시오.

99. 一□千金 (　　　)

| 의미 | '글자 한 자에 천금' 이라는 뜻으로, 매우 빼어난 글자나 시문을 비유한 말 |

100. □古江山 (　　　)

| 의미 | 오랜 세월을 통하여 변함이 없는 산천 |

한자자격시험 기출문제 [준5급 2회]

객관식 (1~30번)

● 다음 [ ] 안의 한자와 음(소리)이 같은 한자는?

1. [前] ① 全 ② 草 ③ 校 ④ 育
2. [門] ① 士 ② 文 ③ 本 ④ 植
3. [洞] ① 里 ② 海 ③ 東 ④ 來
4. [長] ① 場 ② 巾 ③ 登 ④ 漢
5. [少] ① 牛 ② 不 ③ 耳 ④ 所

● 다음 [ ] 안의 한자와 뜻이 상대(반대) 되는 한자는?

6. [今] ① 古 ② 上 ③ 答 ④ 代
7. [男] ① 玉 ② 每 ③ 女 ④ 衣
8. [分] ① 家 ② 合 ③ 物 ④ 世
9. [左] ① 色 ② 農 ③ 老 ④ 右
10. [弟] ① 林 ② 萬 ③ 兄 ④ 間

● 다음 〈보기〉의 낱말들과 관련이 깊은 한자는?

11. 보기 | 아파트 빌라 주택
    ① 衣 ② 主 ③ 住 ④ 食

12. 보기 | 한국 프랑스 일본
    ① 己 ② 國 ③ 車 ④ 室

13. 보기 | 총 전쟁 병사
    ① 大 ② 敎 ③ 空 ④ 軍

● 다음 설명이 뜻하는 한자어는?

14. 예의와 범절
    ① 銀行 ② 支出 ③ 禮節 ④ 流通

15. 상품 따위를 팖
    ① 資料 ② 預金 ③ 液體 ④ 販賣

16. 공정하지 못하고 한쪽으로 치우친 생각
    ① 堆積 ② 偏見 ③ 電池 ④ 體操

17. 예로부터 민간에 전하여 오는 쉬운 격언
    ① 半島 ② 行動 ③ 對照 ④ 俗談

18. 일정한 모양으로 쉽게 변형되지 않는 물질의 상태
    ① 固體 ② 家族 ③ 求愛 ④ 秩序

● 다음 문장 중 한자어의 독음(소리)이 바른 것은?

19. 욕심을 버리고 서로 조금씩 讓步하자.
    ① 보답 ② 양보 ③ 인사 ④ 공경

20. 經濟분야에서도 조기 교육 열풍이 불고 있다.
    ① 경영 ② 영어 ③ 영제 ④ 경제

21. 방학 동안 해외로 여행을 다녀온 친구의 이야기가 話題가 되었다.
    ① 주제 ② 전시 ③ 화제 ④ 설화

22. 지도의 縮尺을 이용하면 실제의 거리를 계산할 수 있다.
    ① 축척 ② 척도 ③ 축소 ④ 숙지

23. 수학시간에 여러 도형의 角의 크기를 재어보았다.
    ① 원 ② 변 ③ 각 ④ 선

● 다음 문장 중 ( ) 안에 들어갈 한자어로 알맞은 것은?

24. 한국 고전 ( ) 연주회가 열렸다.
    ① 投票 ② 記事 ③ 堆積 ④ 音樂

25. 멀리 전학간 친구와 ( )를 주고받았다.
    ① 觀光 ② 便紙 ③ 感想 ④ 素材

기출문제 [준5급 2회]

26. 새해 다짐을 ( )하기 위해 노력했다.
   ① 實踐 ② 化石 ③ 都市 ④ 公共

27. 친구와 새끼손가락을 걸고 ( )을 했다.
   ① 主題 ② 導體 ③ 約束 ④ 討論

28. 꽃을 보고 ( )되는 것을 그렸다.
   ① 求愛 ② 秩序 ③ 年表 ④ 聯想

29. 악기로 빚어내는 고운 ( )이 공연장 밖까지 울려 퍼졌다.
   ① 和音 ② 分銅 ③ 分數 ④ 文段

30. 역사에 관심이 많은 친구들끼리 선사유적지로 ( )를 다녀왔다.
   ① 想像 ② 踏査 ③ 所得 ④ 行動

주관식 (31~100번)

● 다음 한자의 훈(뜻)과 음(소리)을 쓰시오.

31. 金 (   )   32. 正 (   )
33. 末 (   )   34. 邑 (   )
35. 祖 (   )   36. 平 (   )
37. 孝 (   )   38. 韓 (   )
39. 答 (   )   40. 休 (   )
41. 植 (   )   42. 中 (   )
43. 時 (   )   44. 巾 (   )
45. 夕 (   )

● 다음 □ 안에 공통으로 들어갈 한자를 〈보기〉에서 찾아 쓰시오.

| 보기 | 今 小 工 來 江 |

46. □山, □南, 漢□ (   )
47. 方□, □日, □年 (   )
48. 外□, 本□, 古□ (   )

● [가로열쇠]와 [세로열쇠]를 읽고, 빈칸에 공통으로 들어갈 한자를 쓰시오.

49. 出 / 牛
   가로열쇠: 소와 말
   세로열쇠: 말을 타고 나감, 선거에 입후보 함

50. 生 / 主
   가로열쇠: 일반 국민의 생활
   세로열쇠: 주권이 국민에게 있음

51. 校 / 手
   가로열쇠: 노래 부르는 것이 직업인 사람
   세로열쇠: 학교를 상징하는 노래

● 다음 한자어의 독음을 쓰시오.

52. 草家 (   )   53. 市內 (   )
54. 電車 (   )   55. 育林 (   )
56. 空白 (   )   57. 百姓 (   )
58. 敎室 (   )   59. 玉石 (   )
60. 國土 (   )   61. 每事 (   )
62. 軍士 (   )   63. 萬物 (   )
64. 農夫 (   )   65. 老少 (   )
66. 同名 (   )

● 다음 글을 읽고 밑줄 친 부분이 뜻하는 한자를 〈보기〉에서 찾아 쓰시오.

달 밤

김진태

67)마을이 68)푸르른 물에 잠겼다.
고요한 69)바다다.
산은 찰랑거리는 70)달빛 너울에
고요히 씻기는 섬이다.
멀리 멀리 벋어간 71)길 위에
사람이라는 고기들이 곰실거린다.
(중략)
바다 72)물 73)빛이
자꾸만 짙어간다.
너울도 없는 조용한 바다다.

기출문제 [준5급 2회]

보기	立 月 水 靑 海 道 里 力 色

67. (　　)　68. (　　)
69. (　　)　70. (　　)
71. (　　)　72. (　　)
73. (　　)

● 다음 문장 중 한자어의 독음을 쓰시오.

74. 선생님께서 직접 좋은 책을 **選擇**해 주셨다.
 (　　)

75. 어머니께서 맛있는 **間食**을 만들어 주셨다.
 (　　)

76. 합창단의 단원들은 모두 흰색 **上衣**를 입었다. (　　)

77. 그림을 잘 그리는 사람은 **觀察**력이 뛰어나다. (　　)

78. 발해는 고구려를 계승한 우리의 **歷史**이다.
 (　　)

79. 한편의 **詩**를 읽고 난 후의 감상을 이야기했다. (　　)

80. 다음 **世代**를 위하여 환경을 깨끗이 보존해야 한다. (　　)

81. 하루 동안의 행동을 되돌아보며 많은 **反省**을 했다. (　　)

82. 아버지의 가슴에 카네이션을 달아 드렸더니 **幸福**한 미소를 지으셨다. (　　)

83. 지도에서 땅의 높낮이를 표현하기 위하여 **等高線**을 사용한다. (　　)

● 다음 문장 중 (　) 안의 단어를 한자어로 쓰시오.

84. 우리 형은 (대학)생이다. (　　)

85. 길을 건너기 위해 (지하)보도로 내려갔다.
 (　　)

86. 놀이동산에 다녀와서 (기분)이 좋아졌다.
 (　　)

87. 부모님은 (자기)자신보다 자식을 더 사랑하신다. (　　)

88. (부족)한 부분이 있으면 더 나아지려고 노력해야 한다. (　　)

● 다음 문장 중 한자어의 잘못된 글자를 바르게 고쳐 쓰시오.

89. 큰 소리가 나자 사람들의 **耳木**이 집중 되었다. (　　→　　)

90. 낮 12시를 **正五**라고 한다.
 (　　→　　)

● 다음 훈음에 맞는 한자를 쓰시오.

91. 향할　향 (　　)
92. 양　　양 (　　)
93. 얼굴　면 (　　)
94. 말씀　어 (　　)
95. 기록할 기 (　　)
96. 있을　유 (　　)
97. 마디　촌 (　　)
98. 먼저　선 (　　)

기출문제 [준5급 2회]

● 다음 〈보기〉의 내용에 맞게 안에 적당한 한자를 넣어 한자성어를 완성하시오.

99. 一 □ 千金 (　　　)

의미	'글자 한 자에 천금'이라는 뜻으로, 매우 빼어난 글자나 시문을 비유한 말

100. 東 □ 西答 (　　　)

의미	'동쪽을 묻는데 서쪽을 대답한다'는 뜻으로, 묻는 말에 대하여 아주 딴판인 엉뚱한 대답을 하는 경우

한자자격시험 기출문제 [5급 1회]

객관식 (1~30번)

● 다음 [ ] 안의 한자와 음(소리)이 같은 한자는?

1. [根] ①銀 ②門 ③飮 ④近
2. [洞] ①男 ②童 ③用 ④全
3. [計] ①信 ②話 ③界 ④理
4. [軍] ①畫 ②神 ③運 ④郡
5. [明] ①命 ②夕 ③會 ④日

● 다음 [ ] 안의 한자와 뜻이 상대(반대)되는 한자는?

6. [前] ①育 ②在 ③後 ④首
7. [無] ①形 ②別 ③馬 ④有

● 다음 [ ] 안의 한자와 뜻이 비슷(유사)한 한자는?

8. [長] ①衣 ②永 ③表 ④水
9. [木] ①交 ②本 ③樹 ④末
10. [海] ①洋 ②消 ③油 ④淸

● 다음 〈보기〉의 낱말들과 관련이 깊은 한자는?

11. 보기 진주 바닷가 목걸이
    ①花 ②合 ③血 ④貝

12. 보기 감기 두통 상처
    ①玉 ②病 ③友 ④事

13. 보기 고등어 미꾸라지 꽁치
    ①言 ②孝 ③魚 ④急

● 다음 설명이 뜻하는 한자어는?

14. 나라가 세워짐, 또는 나라를 세움
    ①公共 ②建國 ③聯想 ④投票

15. 어떤 원인으로 결말이 생김
    ①結果 ②自由 ③餘暇 ④貯金

16. 무한한 시간과 만물을 포함하고 있는 끝없는 공간의 총체
    ①約束 ②宇宙 ③收入 ④陸地

17. 자기가 마땅히 하여야 할 맡은 바 직책이나 임무
    ①障碍 ②旅行 ③巖石 ④役割

18. 모나지 아니하고 부드럽게 굽은 선
    ①樂器 ②曲線 ③環境 ④以上

19. 스스로 앞으로 나아가거나 상황을 개선하려는 기백이 부족하고 비활동적임
    ①時調 ②積極的 ③極微細 ④消極的

20. 어떤 일을 서로 양보하여 협의함
    ①妥協 ②行動 ③基準 ④規則

21. 실제로 경험하지 않은 현상이나 사물에 대하여 마음속으로 그려 봄
    ①經驗 ②戰爭 ③想像 ④廣告

22. 부지런히 일하며 힘씀
    ①種類 ②勤勉 ③傳統 ④區分

23. 자갈, 모래, 진흙 따위가 지표나 물 밑에 퇴적하여 이룬 층
    ①地層 ②加熱 ③恭敬 ④情報

● 다음 문장 중 ( ) 안에 들어갈 한자어로 알맞은 것은?

24. 생산품의 불량률을 낮추기 위해 모든 ( )을 자동화했다.
    ①家庭 ②歷史 ③肯定 ④工程

기출문제 [5급 1회]

25. 세계 관광 음식 (　)가 열려 각국의 신기한 음식을 맛볼 수 있었다.
    ① 創意的　② 博覽會
    ③ 闊葉樹　④ 固有語

26. (　) 깊은 이미지는 한번만 보아도 기억에 오래 남는다.
    ① 說得　② 經濟　③ 獨立　④ 印象

27. 가는 붓을 사용하여 세부(　)를 시도했다.
    ① 俗談　② 秩序　③ 描寫　④ 根據

28. 작년 12월 태안에서 사상 최대의 해양(　) 사고가 발생했다.
    ① 快適　② 汚染　③ 背景　④ 解決

29. 우리나라의 한 연구소에서 개발한 신기술이 동남아로 (　)되었다.
    ① 比較　② 討議　③ 餘韻　④ 輸出

30. 갓난아기의 재롱을 보면 (　)가 저절로 피어난다.
    ① 統一　② 微笑　③ 原因　④ 尖端

주관식 (31~100번)

● 다음 한자의 훈(뜻)과 음(소리)을 쓰시오.

31. 各 (　)　32. 習 (　)
33. 光 (　)　34. 開 (　)
35. 多 (　)　36. 番 (　)
37. 讀 (　)　38. 弱 (　)
39. 冬 (　)　40. 業 (　)
41. 速 (　)　42. 朴 (　)
43. 感 (　)　44. 者 (　)
45. 美 (　)

● 다음 □ 안에 공통으로 들어갈 한자를 <보기>에서 찾아 쓰시오.

| 보기 | 省 風 南 平 文 |

46. 公□, □安, □和 (　)
47. 漢□, □章, 作□ (　)
48. □向, □車, 强□ (　)

● [가로열쇠]와 [세로열쇠]를 읽고, 빈칸에 공통으로 들어갈 한자를 쓰시오.

49. 校／位
    가로열쇠: 고등학교
    세로열쇠: 높고 귀한 지위

50. 道／面
    가로열쇠: 길 위의 표면
    세로열쇠: 사람, 차 따위가 잘 다닐 수 있도록 만들어 놓은 넓은 길

51. 登／所
    가로열쇠: 어떤 일이 이루어지거나 일어나는 곳
    세로열쇠: 무대나 연단 따위에 나옴

● 다음 한자어의 독음을 쓰시오.

52. 親族 (　)　53. 空席 (　)
54. 成功 (　)　55. 白米 (　)
56. 竹林 (　)　57. 放氣 (　)
58. 頭巾 (　)　59. 時間 (　)
60. 短刀 (　)　61. 民主 (　)
62. 草野 (　)　63. 當年 (　)
64. 愛犬 (　)　65. 等號 (　)
66. 肉體 (　)

● 다음 글을 읽고 밑줄 친 부분이 뜻하는 한자를 <보기>에서 찾아 쓰시오.

67)봄비

김태하

68)어젯69)밤
아무도 모르게
봄비가 다녀가더니
70)파란 새싹은

기출문제 [5급 1회]

무슨 얘기를 ⁷¹⁾들었나?
⁷²⁾노란 개나리는
무슨 얘기를 들었나?
⁷³⁾아침 일찍
새싹은 생글생글
개나리는 해해해.

보기	朝 夏 綠 聞 黃 問 夜 昨 春

67. (   )   68. (   )
69. (   )   70. (   )
71. (   )   72. (   )
73. (   )

● 다음 문장 중 한자어의 독음을 쓰시오.

74. 좋은 친구들 덕분에 새로운 학교에 잘 **適應**할 수 있었다. (   )

75. 몸 안에 **活性** 산소가 많아지면 신체의 노화가 빨라진다고 한다. (   )

76. 새로 **轉學**을 온 친구는 우렁찬 목소리로 자기소개를 했다. (   )

77. 기술이 발전하여 사람들의 생활이 **便利**해졌다. (   )

78. 이 장치는 제한 시간을 **超過**하면 자동으로 작동이 멈추게 되어 있다. (   )

79. 내 동생은 정의의 **勇士**처럼 당찬 표정을 지었다. (   )

80. 인터넷 신조어의 남용을 줄이고 **標準語** 사용을 생활화하자. (   )

81. 그는 친구들의 **反對**에도 불구하고 뜻을 굽히지 않았다. (   )

82. 이 경기에서는 우리 팀이 이길 **確率**이 크다. (   )

83. **季節**에 따라 달라지는 음식 문화에 대해 공부하였다. (   )

● 다음 문장 중 (   ) 안의 단어를 한자어로 쓰시오.

84. 눈부신 (태양)이 떠올랐다. (   )

85. 마음이 (정직)한 사람은 어떤 상황에서도 두려움 없이 당당하다. (   )

86. (서당) 개 삼 년이면 풍월을 읊는다. (   )

87. 국가에서는 (영재)육성을 목표로 여러 분야의 특수학교를 설립했다. (   )

88. (중대)한 문제에 부딪혔을 때는 무엇보다 자신에 대한 믿음을 지키는 것이 중요하다. (   )

● 다음 문장 중 한자어의 잘못된 글자를 바르게 고쳐 쓰시오.

89. 어머니께서는 재래식 부엌을 **新食**으로 바꾸셨다. (→)

90. 남의 말을 잘 듣기 위해서는 상대의 **意度**를 먼저 파악해야 한다. (→)

● 다음 훈음에 맞는 한자를 쓰시오.

91. 털   모 (   )
92. 이길 승 (   )
93. 잃을 실 (   )
94. 으뜸 원 (   )
95. 밭   전 (   )
96. 마을 촌 (   )
97. 가을 추 (   )
98. 물건 품 (   )

기출문제 [5급 1회]

● 다음 〈보기〉의 내용에 맞게 안에 적당한 한자를 넣어 한자성어를 완성하시오.

99. 百發百□ (　　　)

| 의미 | '백 번 쏘아서 백 번 맞춘다'는 뜻으로, 계획이나 예상이 꼭꼭 들어맞는 경우 |

100. 同□同樂 (　　　)

| 의미 | 괴로움과 즐거움을 같이함 |

한자자격시험 기출문제 [5급 2회]

객관식 (1~30번)

● 다음 [ ] 안의 한자와 음(소리)이 같은 한자는?

1. [工] ①去 ②感 ③功 ④近
2. [大] ①急 ②京 ③速 ④代
3. [圖] ①刀 ②血 ③淸 ④短
4. [理] ①交 ②高 ③李 ④勇
5. [部] ①科 ②夫 ③郡 ④死

● 다음 [ ] 안의 한자와 뜻이 상대(반대) 되는 한자는?

6. [强] ①弱 ②春 ③族 ④讀
7. [本] ①風 ②末 ③竹 ④永

● 다음 [ ] 안의 한자와 뜻이 비슷(유사) 한 한자는?

8. [道] ①題 ②運 ③遠 ④路
9. [木] ①樹 ②野 ③孫 ④村
10. [章] ①友 ②文 ③苦 ④會

● 다음 〈보기〉의 낱말들과 관련이 깊은 한자는?

11. 보기 | 노랑 빨강 파랑
    ①色 ②者 ③成 ④藥

12. 보기 | 세모 네모 동그라미
    ①界 ②番 ③綠 ④形

13. 보기 | 우유 보리차 생수
    ①衣 ②元 ③飮 ④步

● 다음 설명이 뜻하는 한자어는?

14. 종류에 따라서 가름
    ①妥協 ②分類 ③尖端 ④印象

15. 어떤 물질에 열을 가함
    ①恭敬 ②解決 ③計算 ④加熱

16. 소리 없이 빙긋이 웃음
    ①微笑 ②歷史 ③役割 ④汚染

17. 모나지 아니하고 부드럽게 굽은 선
    ①角度 ②曲線 ③輸出 ④經驗

18. 그러하다고 생각하여 옳다고 인정함
    ①肯定 ②巖石 ③想像 ④比率

19. 국가 간에 무력으로 싸우는 일
    ①傳統 ②便紙 ③戰爭 ④地層

20. 옷차림새나 몸가짐 따위가 얌전하고 바름
    ①氣溫 ②端正 ③收入 ④餘暇

21. 여러 사람이 다 같이 지키기로 작정한 법칙
    ①描寫 ②對應 ③團體 ④規則

22. 음악, 무용, 연극 따위를 많은 사람 앞에서 보이는 일
    ①政治 ②廣告 ③公演 ④適應

23. 다른 사람과 앞으로의 일을 어떻게 할 것인가를 미리 정하여 둠
    ①約束 ②障碍 ③時調 ④種類

● 다음 문장 중 ( ) 안에 들어갈 한자어로 알맞은 것은?

24. 백제를 세운 온조대왕의 ( ) 신화를 읽었다.
    ①超過 ②建國 ③原因 ④投資

25. 여름방학을 맞아 바다로 ( )을 다녀왔다.
    ①態度 ②統一 ③旅行 ④環境

기출문제 [5급 2회]

26. 우리 가족은 푸른 숲을 (　)으로 사진을 찍었다.
   ① 背景 ② 家庭 ③ 衛星 ④ 餘韻

27. 우리말 사전에는 정겨운 (　)들이 많이 실려 있다.
   ① 司法府 ② 生態系
   ③ 消極的 ④ 固有語

28. (　)에서 지구를 보면 파란 유리구슬처럼 보인다고 한다.
   ① 經濟 ② 投票 ③ 宇宙 ④ 確率

29. 사람이 많은 혼잡한 곳에서는 (　)있게 움직여야 한다.
   ① 討議 ② 情報 ③ 快適 ④ 秩序

30. '백지장도 맞들면 낫다' 라는 속담을 통해 조상님의 (　)정신을 배울 수 있다.
   ① 縮尺 ② 協同 ③ 根據 ④ 地震

주관식 (31~100번)

● 다음 한자의 훈(뜻)과 음(소리)을 쓰시오.

31. 習(　)　32. 愛(　)
33. 勝(　)　34. 樂(　)
35. 詩(　)　36. 禮(　)
37. 始(　)　38. 夏(　)
39. 神(　)　40. 花(　)
41. 身(　)　42. 話(　)
43. 信(　)　44. 活(　)
45. 通(　)

● 다음 □ 안에 공통으로 들어갈 한자를 〈보기〉에서 찾아 쓰시오.

보기	明　朝　品　作　和

46. 光□, □白, □月 (　)
47. 金□, □位, □性 (　)
48. 平□, □合, □音 (　)

● [가로열쇠]와 [세로열쇠]를 읽고, 빈칸에 공통으로 들어갈 한자를 쓰시오.

49. 魚/牛
   - 가로열쇠: 쇠고기
   - 세로열쇠: 생선의 고기

50. 不/所
   - 가로열쇠: 어떤 곳에 있음
   - 세로열쇠: 그곳에 있지 아니함

51. 教/内
   - 가로열쇠: 방이나 건물 따위의 안
   - 세로열쇠: 학습 활동이 이루어지는 방

● 다음 한자어의 독음을 쓰시오.

52. 當面(　)　53. 表示(　)
54. 草堂(　)　55. 洋式(　)
56. 立冬(　)　57. 英才(　)
58. 植民(　)　59. 姓名(　)
60. 自首(　)　61. 黃海(　)
62. 各別(　)　63. 記號(　)
64. 利用(　)　65. 長男(　)
66. 反省(　)

● 다음 글을 읽고 밑줄 친 부분이 뜻하는 한자를 〈보기〉에서 찾아 쓰시오.

한글날 [67]노래

최현배

강산도 빼어났다 배달의 나라
긴 역사 오랜 전통 지녀온 겨레
거룩한 세종대왕 한글 펴시니
[68]새 세상 밝혀주는 해가 돋았네.
한글은 우리 자랑 문화의 터전
이 [69]글로 이 나라의 힘을 기르자.

볼수록 [70]아름다운 스물넉 자는
그 속에 모든 이치 갖추어 있고

기출문제 [5급 2회]

누구나 쉬 ⁷¹⁾배우면 쓰기 ⁷²⁾편하니
세계의 ⁷³⁾글자 중에 으뜸이로다.
한글은 우리 자랑 민주의 근본
이 글로 이 나라의 힘을 기르자.

보기	美 歌 便 新 字 秋 學 親 書

67. (　　)　　68. (　　)
69. (　　)　　70. (　　)
71. (　　)　　72. (　　)
73. (　　)

● 다음 문장 중 한자어의 독음을 쓰시오.

74. 내 동생은 **人氣**가 정말 많다. (　　)

75. 우리 집 가훈은 '**勤勉**과 성실' 이다.
 (　　)

76. 사과와 배의 맛을 **比較**해 보았다.
 (　　)

77. 친구를 **說得**하여 함께 공부를 했다.
 (　　)

78. **結果**도 중요하지만 과정도 중요하다.
 (　　)

79. 가족들과 함께 주말 **農場**에 다녀왔다.
 (　　)

80. 나는 **世上**에서 제일 행복한 사람이다.
 (　　)

81. 종류가 너무 많아서 **選擇**하기가 힘들었다.
 (　　)

82. **方今** 네가 한 말을 다시 한 번 들려주겠니?
 (　　)

83. 이번 과학 숙제는 날씨에 관한 **俗談**을 알 아오는 것이다. (　　)

● 다음 문장 중 ( ) 안의 단어를 한자어로 쓰시오.

84. (석유)자원은 한정되어 있다. (　　)

85. 할아버지를 '(조부)' 라고도 한다.
 (　　)

86. (후식)으로 아이스크림을 먹었다.
 (　　)

87. (작년)보다 키가 3cm는 더 자랐다.
 (　　)

88. 실험도구들을 (안전)하게 다루어야 한다.
 (　　)

● 다음 문장 중 한자어의 잘못된 글자를 바르게 고쳐 쓰시오.

89. 장군은 **軍事**들을 지휘하여 적군을 무찔렀다. (　　→　　)

90. 공부할 책이 많아지면서 책장의 **共間**이 부족해졌다. (　　→　　)

● 다음 훈음에 맞는 한자를 쓰시오.

91. 쌀　미 (　　)
92. 오를　등 (　　)
93. 열　개 (　　)
94. 말씀　언 (　　)
95. 개　견 (　　)
96. 많을　다 (　　)
97. 클　태 (　　)
98. 곧을　직 (　　)

기출문제 [5급 2회]

● 다음 〈보기〉의 내용에 맞게 안에 적당한 한자를 넣어 한자성어를 완성하시오.

99. 百□百中 (   )

의미	'백 번 쏘아서 백 번 맞춘다'는 뜻으로, 계획이나 예상이 꼭꼭 들어맞는 경우를 이름

100. 見□生心 (   )

의미	물건을 보면 그것을 갖고 싶은 욕심이 생긴다는 말

정답

[5급] 예상문제 1회

| 객관식 |

1. ③ 2. ④ 3. ① 4. ② 5. ③ 6. ① 7. ④
8. ② 9. ① 10. ③ 11. ② 12. ③ 13. ① 14. ③
15. ④ 16. ② 17. ③ 18. ④ 19. ① 20. ③ 21. ②
22. ④ 23. ① 24. ③ 25. ② 26. ① 27. ④ 28. ③
29. ② 30. ③

| 주관식 |

31. 갈 거   32. 함께 공   33. 가까울 근 34. 급할 급   35. 대답할 대 36. 읽을 독   37. 다를 별
38. 옷 복   39. 사라질 소 40. 이길 승   41. 처음 시   42. 볕 양   43. 옮길 운   44. 은 은
45. 몸 체   46. 各   47. 業   48. 放   49. 面   50. 步   51. 夜
52. 음식   53. 대화   54. 형성   55. 친근   56. 시조   57. 도리   58. 낙원
59. 편리   60. 공통   61. 근본   62. 완성   63. 통로   64. 독창   65. 광선
66. 화초   67. 晝   68. 夏   69. 號   70. 黃   71. 意   72. 綠
73. 陽   74. 근면   75. 긍정   76. 여가   77. 협동   78. 고유어   79. 박람회
80. 선택   81. 관광객   82. 공정   83. 초과   84. 信用   85. 綠色   86. 永遠
87. 野外   88. 開學   89. 木, 目   90. 可, 加   91. 孫   92. 英   93. 病
94. 放   95. 禮   96. 命   97. 後   98. 話   99. 死   100. 鳥

[5급] 예상문제 2회

| 객관식 |

1. ① 2. ② 3. ④ 4. ③ 5. ② 6. ④ 7. ③
8. ② 9. ③ 10. ① 11. ④ 12. ② 13. ③ 14. ③
15. ② 16. ④ 17. ③ 18. ① 19. ② 20. ③ 21. ④
22. ① 23. ① 24. ③ 25. ② 26. ④ 27. ① 28. ②
29. ③ 30. ②

| 주관식 |

31. 고을 군   32. 마땅 당   33. 무리 등   34. 예도 례   35. 푸를 록   36. 필 발   37. 차례 번
38. 나무 수   39. 사랑 애   40. 멀 원   41. 제목 제   42. 맑을 청   43. 통할 통   44. 이름 호
45. 누를 황   46. 花   47. 風   48. 科   49. 村   50. 路   51. 式
52. 오후   53. 영원   54. 승리   55. 평화   56. 번호   57. 활용   58. 표시
59. 시속   60. 제목   61. 편안   62. 원리   63. 적응   64. 세계   65. 체중
66. 발생   67. 省   68. 步   69. 利   70. 急   71. 感   72. 愛
73. 席   74. 적극적   75. 환경   76. 활엽수   77. 관용표현 78. 여운   79. 위성
80. 존중   81. 사법부   82. 문화재   83. 경제   84. 性急   85. 問病   86. 作家
87. 反對   88. 上京   89. 幸, 行   90. 首, 手   91. 便   92. 直   93. 章
94. 會   95. 書   96. 省   97. 頭   98. 意   99. 無   100. 毛

정답

[5급] 예상문제 3회

| 객관식 |

1. ③	2. ②	3. ①	4. ②	5. ④	6. ③	7. ④
8. ④	9. ①	10. ③	11. ②	12. ①	13. ④	14. ③
15. ②	16. ③	17. ①	18. ②	19. ④	20. ③	21. ②
22. ①	23. ③	24. ②	25. ④	26. ①	27. ③	28. ②
29. ③	30. ④					

| 주관식 |

31. 느낄 감 32. 셀 계 33. 법도 도 34. 아름다울 미 35. 거느릴 부 36. 익힐 습 37. 자리 석
38. 새로울 신 39. 일 업 40. 글 장 41. 겨레 족 42. 편할 편 43. 화목할 화 44. 모일 회
45. 창문 창 46. 對 47. 題 48. 通 49. 近 50. 讀 51. 冬
52. 녹색 53. 문제 54. 불편 55. 음악 56. 소거 57. 감기 58. 명소
59. 당번 60. 도로 61. 대화 62. 조회 63. 창업 64. 양지 65. 각별
66. 통신 67. 遠 68. 始 69. 勇 70. 番 71. 飮 72. 淸
73. 親 74. 단정 75. 반도체 76. 장애 77. 참정권 78. 해결 79. 침엽수
80. 시조 81. 역할 82. 첨단 83. 합창 84. 窓門 85. 讀書 86. 活用
87. 藥品 88. 通學 89. 昨, 作 90. 第, 題 91. 路 92. 度 93. 利
94. 洋 95. 飮 96. 秋 97. 形 98. 重 99. 朝 100. 作

[준5급] 기출문제 1회

| 객관식 |

1. ③	2. ①	3. ②	4. ④	5. ①	6. ③	7. ①
8. ②	9. ④	10. ③	11. ②	12. ④	13. ②	14. ③
15. ④	16. ①	17. ②	18. ④	19. ②	20. ①	21. ②
22. ②	23. ③	24. ①	25. ④	26. ②	27. ③	28. ①
29. ②	30. ④					

| 주관식 |

31. 한수 한 32. 편안할 안 33. 군사 군 34. 수풀 림 35. 기를 육 36. 끝 말 37. 평평할 평
38. 지아비 부 39. 낮 오 40. 자리 위 41. 효도 효 42. 스스로 자 43. 아우 제 44. 빛 색
45. 설 립 46. 手 47. 時 48. 所 49. 外 50. 向 51. 物
52. 수옥 53. 식도 54. 서해 55. 면상 56. 우양 57. 읍내 58. 본심
59. 선조 60. 합동 61. 농사 62. 출장 63. 천공 64. 이장 65. 휴일
66. 연대 67. 國 68. 來 69. 馬 70. 靑 71. 前 72. 古
73. 耳 74. 국어 75. 관광객 76. 소녀 77. 토론 78. 효자 79. 박물관
80. 질서 81. 행복 82. 화음 83. 약속 84. 每月 85. 方今 86. 有名
87. 市民 88. 登校 89. 己, 氣 90. 目, 木 91. 學 92. 車 93. 間
94. 母 95. 姓 96. 巾 97. 敎 98. 世 99. 字 100. 萬

정답

[준5급] 기출문제 2회

| 객관식 |

1. ① 2. ② 3. ③ 4. ① 5. ④ 6. ① 7. ③
8. ② 9. ④ 10. ③ 11. ③ 12. ② 13. ④ 14. ③
15. ④ 16. ② 17. ④ 18. ① 19. ② 20. ④ 21. ③
22. ① 23. ③ 24. ④ 25. ② 26. ① 27. ③ 28. ④
29. ① 30. ②

| 주관식 |

31. 쇠 금, 성 김 32. 바를 정 33. 끝 말 34. 고을 읍 35. 할아비 조 36. 평평할 평 37. 효도 효
38. 나라 한 39. 대답할 답 40. 쉴 휴 41. 심을 식 42. 가운데 중 43. 때 시 44. 수건 건
45. 저녁 석 46. 江 47. 今 48. 來 49. 馬 50. 民 51. 歌
52. 초가 53. 시내 54. 전차 55. 육림 56. 공백 57. 백성 58. 교실
59. 옥석 60. 국토 61. 매사 62. 군사 63. 만물 64. 농부 65. 노소
66. 동명 67. 里 68. 靑 69. 海 70. 月 71. 道 72. 水
73. 色 74. 선택 75. 간식 76. 상의 77. 관찰 78. 역사 79. 시
80. 세대 81. 반성 82. 행복 83. 등고선 84. 大學 85. 地下 86. 氣分
87. 自己 88. 不足 89. 木, 目 90. 五, 午 91. 向 92. 羊 93. 面
94. 語 95. 記 96. 有 97. 寸 98. 先 99. 字 100. 問

[5급] 기출문제 1회

| 객관식 |

1. ④ 2. ② 3. ③ 4. ④ 5. ① 6. ③ 7. ④
8. ② 9. ③ 10. ① 11. ④ 12. ② 13. ③ 14. ②
15. ① 16. ② 17. ④ 18. ④ 19. ④ 20. ① 21. ③
22. ④ 23. ① 24. ④ 25. ② 26. ④ 27. ③ 28. ②
29. ④ 30. ②

| 주관식 |

31. 각각 각 32. 익힐 습 33. 빛 광 34. 열 개 35. 많을 다 36. 차례 번 37. 읽을 독
38. 약할 약 39. 겨울 동 40. 일 업 41. 빠를 속 42. 성씨, 순박할 박 43. 느낄 감 44. 놈 자
45. 아름다울 미 46. 平 47. 文 48. 風 49. 高 50. 路 51. 場
52. 친족 53. 공석 54. 성공 55. 백미 56. 죽림 57. 방기 58. 두건
59. 시간 60. 단도 61. 민주 62. 초야 63. 당년 64. 애견 65. 등호
66. 육체 67. 春 68. 昨 69. 夜 70. 綠 71. 聞 72. 黃
73. 朝 74. 적응 75. 활성 76. 전학 77. 편리 78. 초과 79. 용사
80. 표준어 81. 반대 82. 확률 83. 계절 84. 太陽 85. 正直 86. 書堂
87. 英才 88. 重大 89. 食, 式 90. 度, 圖 91. 毛 92. 勝 93. 失
94. 元 95. 田 96. 村 97. 秋 98. 品 99. 中 100. 苦

정답

[5급] 기출문제 2회

| 객관식 |

1. ③   2. ④   3. ①   4. ③   5. ②   6. ①   7. ②
8. ④   9. ①   10. ②   11. ①   12. ④   13. ③   14. ②
15. ④   16. ①   17. ②   18. ①   19. ③   20. ②   21. ④
22. ③   23. ①   24. ②   25. ③   26. ①   27. ④   28. ③
29. ④   30. ②

| 주관식 |

31. 익힐 습   32. 사랑 애   33. 이길 승   34. 즐거울 락   35. 글 시   36. 예도 례   37. 처음 시
38. 여름 하   39. 귀신 신   40. 꽃 화   41. 몸 신   42. 말씀 화   43. 믿을 신   44. 살 활
45. 통할 통   46. 明   47. 品   48. 和   49. 肉   50. 在   51. 室
52. 당면   53. 표시   54. 초당   55. 양식   56. 입동   57. 영재   58. 식민
59. 성명   60. 자수   61. 황해   62. 각별   63. 기호   64. 이용   65. 장남
66. 반성   67. 歌   68. 新   69. 書   70. 美   71. 學   72. 便
73. 字   74. 인기   75. 근면   76. 비교   77. 설득   78. 결과   79. 농장
80. 세상   81. 선택   82. 방금   83. 속담   84. 石油   85. 祖父   86. 後食
87. 昨年   88. 安全   89. 事, 士   90. 共, 空   91. 米   92. 登   93. 開
94. 言   95. 犬   96. 多   97. 太   98. 直   99. 發   100. 物

원자격시험 OMR 답안지

(사)원자격교육진흥회
원본답안지작성법기록

2급 ~ 6급 응시자용

시	험	명
응 시 급 수		

	2급	○
	3급	○
※ 단독급 (사명)	준3급	○
	4급	○
	준4급	○
	5급	○
	준5급	○
	6급	○

성명

수 험 번 호

주민등록 뒷번호

※ 개정시 답안지 작성요령
1. 반드시 검정색 수성싸인펜을 사용하여 바르게 표기 하십시오.
* 바르게 표기한 예 : ●
2. 수정하고자 할 때에는 수정테이프등을 사용합니다.

※ 객관식 답은 자연수로 합니다. 51~100번은 뒷면에 있습니다.

객관식 답안란

문항	답란				문항	답란			
1	①	②	③	④	16	①	②	③	④
2	①	②	③	④	17	①	②	③	④
3	①	②	③	④	18	①	②	③	④
4	①	②	③	④	19	①	②	③	④
5	①	②	③	④	20	①	②	③	④
6	①	②	③	④	21	①	②	③	④
7	①	②	③	④	22	①	②	③	④
8	①	②	③	④	23	①	②	③	④
9	①	②	③	④	24	①	②	③	④
10	①	②	③	④	25	①	②	③	④
11	①	②	③	④	26	①	②	③	④
12	①	②	③	④	27	①	②	③	④
13	①	②	③	④	28	①	②	③	④
14	①	②	③	④	29	①	②	③	④
15	①	②	③	④	30	①	②	③	④

주관식 답안란

문항	주관식 답안란	채점		문항	주관식 답안란	채점	
		정	오			정	오
31		○	○	41		○	○
32		○	○	42		○	○
33		○	○	43		○	○
34		○	○	44		○	○
35		○	○	45		○	○
36		○	○	46		○	○
37		○	○	47		○	○
38		○	○	48		○	○
39		○	○	49		○	○
40		○	○	50		○	○

※ 홀짝·채점란의 ○에는 표기하지 마시오.

------- 절 취 선 -------

◎ 한자자격시험 주관식 답안지 ◎

문항	주관식 답안란	초검	재검	문항	주관식 답안란	초검	재검	문항	주관식 답안란	초검	재검	문항	주관식 답안란	초검	재검	문항	주관식 답안란	초검	재검
51		○	○	61		○	○	71		○	○	81		○	○	91		○	○
52		○	○	62		○	○	72		○	○	82		○	○	92		○	○
53		○	○	63		○	○	73		○	○	83		○	○	93		○	○
54		○	○	64		○	○	74		○	○	84		○	○	94		○	○
55		○	○	65		○	○	75		○	○	85		○	○	95		○	○
56		○	○	66		○	○	76		○	○	86		○	○	96		○	○
57		○	○	67		○	○	77		○	○	87		○	○	97		○	○
58		○	○	68		○	○	78		○	○	88		○	○	98		○	○
59		○	○	69		○	○	79		○	○	89		○	○	99		○	○
60		○	○	70		○	○	80		○	○	90		○	○	100		○	○

※ 주관식 채점위원 확인란   초검 채점위원   재검 채점위원

※ 합격자 발표 - 한자자격시험(www.hanja114.org) / ARS 060-700-2055

모의고사 OMR 답안지

(사)한국교육진흥동회
원격고사실시행동회

◎ 한자자격시험 주관식 답안지 ◎

문항	주관식 답안란	초검	재검	문항	주관식 답안란	초검	재검	문항	주관식 답안란	초검	재검	문항	주관식 답안란	초검	재검	문항	주관식 답안란	초검	재검
51		○	○	61		○	○	71		○	○	81		○	○	91		○	○
52		○	○	62		○	○	72		○	○	82		○	○	92		○	○
53		○	○	63		○	○	73		○	○	83		○	○	93		○	○
54		○	○	64		○	○	74		○	○	84		○	○	94		○	○
55		○	○	65		○	○	75		○	○	85		○	○	95		○	○
56		○	○	66		○	○	76		○	○	86		○	○	96		○	○
57		○	○	67		○	○	77		○	○	87		○	○	97		○	○
58		○	○	68		○	○	78		○	○	88		○	○	98		○	○
59		○	○	69		○	○	79		○	○	89		○	○	99		○	○
60		○	○	70		○	○	80		○	○	90		○	○	100		○	○

※ 주관식 채점위원 확인란   초검 채점위원   재검 채점위원

※ 합격자 발표 - 한자자격시험(www.hanja114.org) / ARS 060-700-2055

◎ 한자자격시험 주관식 답안지 ◎

문항	주관식 답안란	초검	재검	문항	주관식 답안란	초검	재검	문항	주관식 답안란	초검	재검	문항	주관식 답안란	초검	재검	문항	주관식 답안란	초검	재검
51		○	○	61		○	○	71		○	○	81		○	○	91		○	○
52		○	○	62		○	○	72		○	○	82		○	○	92		○	○
53		○	○	63		○	○	73		○	○	83		○	○	93		○	○
54		○	○	64		○	○	74		○	○	84		○	○	94		○	○
55		○	○	65		○	○	75		○	○	85		○	○	95		○	○
56		○	○	66		○	○	76		○	○	86		○	○	96		○	○
57		○	○	67		○	○	77		○	○	87		○	○	97		○	○
58		○	○	68		○	○	78		○	○	88		○	○	98		○	○
59		○	○	69		○	○	79		○	○	89		○	○	99		○	○
60		○	○	70		○	○	80		○	○	90		○	○	100		○	○

※ 주관식 채점위원 확인란 　　초검 채점위원　　　　　　　　　　재검 채점위원

※ 합격자 발표 – 한자자격시험(www.hanja114.org) / ARS 060-700-2055

원자력기사 OMR 답안지

◎ 한자자격시험 주관식 답안지 ◎

문항	주관식 답안란	초검	재검	문항	주관식 답안란	초검	재검	문항	주관식 답안란	초검	재검	문항	주관식 답안란	초검	재검	문항	주관식 답안란	초검	재검
51		○	○	61		○	○	71		○	○	81		○	○	91		○	○
52		○	○	62		○	○	72		○	○	82		○	○	92		○	○
53		○	○	63		○	○	73		○	○	83		○	○	93		○	○
54		○	○	64		○	○	74		○	○	84		○	○	94		○	○
55		○	○	65		○	○	75		○	○	85		○	○	95		○	○
56		○	○	66		○	○	76		○	○	86		○	○	96		○	○
57		○	○	67		○	○	77		○	○	87		○	○	97		○	○
58		○	○	68		○	○	78		○	○	88		○	○	98		○	○
59		○	○	69		○	○	79		○	○	89		○	○	99		○	○
60		○	○	70		○	○	80		○	○	90		○	○	100		○	○

※ 주관식 채점위원 확인란　　초검 채점위원　　　　　　　　　　　　　재검 채점위원

※ 합격자 발표 - 한자자격시험(www.hanja114.org) / ARS 060-700-2055

원자격시험 OMR 답안지

2급 ~ 6급 응시자용

시	험	응 시 급 수
※ 감독관 확인 (사인)	2급	○
	준3급	○
	3급	○
	4급	○
	준5급	○
	5급	○
	6급	○

성명

수 험 번 호

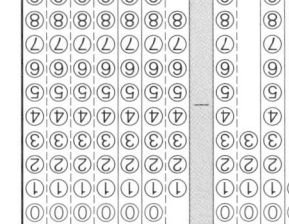

주민등록번호

※ 답안지는 컴퓨터로 처리되므로 구기거나 더럽히지 마시고, 정답 칸 안에만 기재하여야 합니다.

※ 답안 작성은 반드시 컴퓨터용 수성사인펜을 사용하여야 하며, 연필, 유색필기구, 기타 등을 사용한 경우에는 불이익이 발생할 수 있습니다.

객관식 답안지 작성요령

1. 답안지 작성은 컴퓨터용 수성사인펜 사용
2. 수정하고자 할 때에는 수정테이프를 사용합니다.

* 바르게 표기한 예 : ●

객관식 답안란

번호	답란	번호	답란
1	①②③④	16	①②③④
2	①②③④	17	①②③④
3	①②③④	18	①②③④
4	①②③④	19	①②③④
5	①②③④	20	①②③④
6	①②③④	21	①②③④
7	①②③④	22	①②③④
8	①②③④	23	①②③④
9	①②③④	24	①②③④
10	①②③④	25	①②③④
11	①②③④	26	①②③④
12	①②③④	27	①②③④
13	①②③④	28	①②③④
14	①②③④	29	①②③④
15	①②③④	30	①②③④

주관식 답안란

번호	답란	정답	채점	번호	답란	정답	채점
31		○	○	41		○	○
32		○	○	42		○	○
33		○	○	43		○	○
34		○	○	44		○	○
35		○	○	45		○	○
36		○	○	46		○	○
37		○	○	47		○	○
38		○	○	48		○	○
39		○	○	49		○	○
40		○	○	50		○	○

※ 정답·채점란의 ○ 에는 표기하지 마시오.

(사)원자력교육진흥회
원자력자격검정위원회

◎ 한자자격시험 주관식 답안지 ◎

문항	주관식 답안란	초검/재검	문항	주관식 답안란	초검/재검	문항	주관식 답안란	초검/재검	문항	주관식 답안란	초검/재검	문항	주관식 답안란	초검/재검
51		○○	61		○○	71		○○	81		○○	91		○○
52		○○	62		○○	72		○○	82		○○	92		○○
53		○○	63		○○	73		○○	83		○○	93		○○
54		○○	64		○○	74		○○	84		○○	94		○○
55		○○	65		○○	75		○○	85		○○	95		○○
56		○○	66		○○	76		○○	86		○○	96		○○
57		○○	67		○○	77		○○	87		○○	97		○○
58		○○	68		○○	78		○○	88		○○	98		○○
59		○○	69		○○	79		○○	89		○○	99		○○
60		○○	70		○○	80		○○	90		○○	100		○○

※ 주관식 채점위원 확인란 | 초검 채점위원 | | 재검 채점위원 |

※ 합격자 발표 - 한자자격시험(www.hanja114.org) / ARS 060-700-2055

◎ 한 자 자 격 시 험 주 관 식 답 안 지 ◎

문항	주관식 답안란	초검	재검	문항	주관식 답안란	초검	재검	문항	주관식 답안란	초검	재검	문항	주관식 답안란	초검	재검	문항	주관식 답안란	초검	재검
51		○	○	61		○	○	71		○	○	81		○	○	91		○	○
52		○	○	62		○	○	72		○	○	82		○	○	92		○	○
53		○	○	63		○	○	73		○	○	83		○	○	93		○	○
54		○	○	64		○	○	74		○	○	84		○	○	94		○	○
55		○	○	65		○	○	75		○	○	85		○	○	95		○	○
56		○	○	66		○	○	76		○	○	86		○	○	96		○	○
57		○	○	67		○	○	77		○	○	87		○	○	97		○	○
58		○	○	68		○	○	78		○	○	88		○	○	98		○	○
59		○	○	69		○	○	79		○	○	89		○	○	99		○	○
60		○	○	70		○	○	80		○	○	90		○	○	100		○	○

※ 주관식 채점위원 확인란　　초검 채점위원　　　　　　　　　　　　　재검 채점위원

※ 합격자 발표 － 한자자격시험(www.hanja114.org) / ARS 060-700-2055

원자격시험 OMR 답안지

(사)한국교육진흥회

◎ 한자자격시험 주관식 답안지 ◎

문항	주관식 답안란	초검	재검	문항	주관식 답안란	초검	재검	문항	주관식 답안란	초검	재검	문항	주관식 답안란	초검	재검	문항	주관식 답안란	초검	재검
51		○	○	61		○	○	71		○	○	81		○	○	91		○	○
52		○	○	62		○	○	72		○	○	82		○	○	92		○	○
53		○	○	63		○	○	73		○	○	83		○	○	93		○	○
54		○	○	64		○	○	74		○	○	84		○	○	94		○	○
55		○	○	65		○	○	75		○	○	85		○	○	95		○	○
56		○	○	66		○	○	76		○	○	86		○	○	96		○	○
57		○	○	67		○	○	77		○	○	87		○	○	97		○	○
58		○	○	68		○	○	78		○	○	88		○	○	98		○	○
59		○	○	69		○	○	79		○	○	89		○	○	99		○	○
60		○	○	70		○	○	80		○	○	90		○	○	100		○	○

※ 주관식 채점위원 확인란   초검 채점위원   재검 채점위원

※ 합격자 발표 - 한자자격시험(www.hanja114.org) / ARS 060-700-2055

한 번에 합격하는
한자자격시험 5급

1판 1쇄 | 2009년 3월 10일
1판 5쇄 | 2019년 11월 10일
저　　자 | 김시현
발 행 인 | 김인태
발 행 처 | 삼호미디어
등　　록 | 1993년 10월 12일 제21-494호
주　　소 | 서울특별시 서초구 강남대로 545-21 거림빌딩 4층
　　　　　www.samhomedia.com
전　　화 | (02)544-9456
팩　　스 | (02)512-3593

ISBN 978-89-7849-385-7　13710

Copyright ⓒ 2009, 김시현, 이동식

출판사의 허락 없이 무단 복제와 무단 전재를 금합니다.
잘못된 책은 바꿔 드립니다.